资助项目：教育部人文社会科学研究青年基金项目（11YJCZH258）

农村政策性小额林权抵押贷款模式研究

周 莉 著

中国建筑工业出版社

图书在版编目（CIP）数据

农村政策性小额林权抵押贷款模式研究 / 周莉著 . —北京：中国建筑工业出版社，2019.8
ISBN 978-7-112-23939-9

Ⅰ.①农… Ⅱ.①周… Ⅲ.①林业—所有权—抵押贷款—信贷管理—研究—中国 Ⅳ.①F832.43

中国版本图书馆CIP数据核字（2019）第132063号

责任编辑：付 娇 杜 洁 李玲洁
书籍设计：京点制版
责任校对：赵听雨

农村政策性小额林权抵押贷款模式研究
周 莉 著

*

中国建筑工业出版社出版、发行（北京海淀三里河路9号）
各地新华书店、建筑书店经销
北京点击世代文化传媒有限公司制版
北京京华铭诚工贸有限公司印刷

*

开本：787×1092毫米 1/16 印张：7½ 字数：115千字
2019年6月第一版 2019年6月第一次印刷
定价：40.00元
ISBN 978-7-112-23939-9
（34253）

版权所有 翻印必究
如有印装质量问题，可寄本社退换
（邮政编码 100037）

前　言

随着集体林权制度改革的深入，全国27.05亿亩集体林地已确权并完成林权证发放，约1亿农户拿到林权证。由此，林权证融资在农村逐渐兴起，国家也从银行贴息、保险、资产评估等多领域进行了政策性支持。林业企业和林农大户快速进入市场化运行轨道，然而，小规模林农的林权贷款，由于其本身的弱质性和林业的风险收益不对等，使其融资陷入供给不足、需求旺盛的瓶颈。本书重点研究农村小额林权抵押贷款的政策模式，这对落实"十二五"规划中的富民政策，"十三五"规划中的脱贫工作，解决林农资金缺口，提高林农的收入，整合各类扶贫资源，开辟扶贫资金新渠道，具有重要现实意义；农村政策性小额林权抵押贷款的发展，对建立林权融资平台，创新金融产品和拓展金融机构利润空间具有重要现实意义；从林业的长足发展而言，模式的建立，为林业产业结构的调整和规模化经营提供契机，同时，农村政策性小额林权贷款模式的建立为制定科学的林业政策提供实证依据，有助于构建服务型政府的公共财政体系。

本书以农村政策性小额林权贷款为研究对象，概述了农村政策性小额林权抵押贷款模式研究的背景、意义及运作机理，并以福建省尤溪县和清流县、浙江临安、陕西省富县和西乡县农户的家庭情况、贷款情况、森林保险和资产评估情况的调研数据为基础，利用SPSS统计软件，运用Logistic回归分析法，分析了林农小额林权抵押贷款需求的影响因素和关键因子；应用成本与效益分析法，分析小额林权抵押贷款运行的经济可行性；利用SWOT战略分析法，最终初步构建农村政策性小额林权抵押贷款的战略发展模式。

本书研究结果表明：林农贷款需求旺盛且进行林业生产的积极性较高，但贷款手续繁杂、期限结构不合理、利率过高等因素制约了小额林权抵押贷款的发展；小额林权抵押贷款的主要贷款对象定位为家庭收入来源较单一、较年轻且进行了森林保险的林农家庭，这符合政策性贷款的要求；利用小额贴息林权抵押贷款这种融资方式进行林业经营具有经济可行性，但应通过延长贷款还款期限以缩短林业投资回收期；农村政策性林权证小额贷款主推稳健性战略模式，但不同地区的贷款发展阶段决定采取不同的发展模式。

  本书的撰写，是在教育部人文社会科学研究青年基金"农村政策性小额林权抵押贷款模式研究"（11YJCZH258）的基础上形成。整个研究过程，从政策梳理、资料整理、实地调研、问卷的统计与分析、模型设计，以及文字撰写、整理与编辑，要感谢我的研究生小组，尤其感谢刘轩羽、谢梦娜、安蓉、王珍琦、杜学贤、金伟琴在本研究实地调研、问卷整理和琐碎而又系统的计算分析等工作中做出的重要贡献，感谢朱俊瑞、杜琳、李晶、李雪静、张伦萍、李佩雯在本书初稿和终稿形成过程中，进行文字编辑和参考文献整理等工作；感谢我的同事们在研究工作中给予的大力支持；感谢调研机构的热情接待和提供的丰富资料，才有了这部书的内容；也感谢编辑认真校对书稿的基础上提供良多建议；感谢我的家人对我一贯的鼓励和爱护，让我能坚持完成这部书的全部撰写和屡次修订工作。

目 录

前 言 ··· III

第1章 引 言 ··· 1
   1.1 研究背景与意义 ··· 3
   1.2 研究综述 ·· 9
   1.3 研究框架和主要研究内容 ·· 15
   1.4 研究方法与数据来源 ·· 18
   1.5 本章小结 ·· 20

第2章 农户小额林权抵押贷款的获取路线与政策规定 ············ 21
   2.1 小额林权抵押贷款的获取路线与利益相关者 ·················· 23
   2.2 小额林权抵押贷款的政策性规定 ··································· 26
   2.3 本章小结 ·· 32

第3章 调研样本的基本特征分析 ·· 33
   3.1 小额林权抵押贷款样本农户的特征分析 ························· 35
   3.2 小额林权贴息抵押贷款样本农户的特征分析 ·················· 40
   3.3 小额林权担保抵押贷款样本农户的特征分析 ·················· 44
   3.4 本章小结 ·· 50

第4章 农户小额林权抵押贷款的影响因素与回归分析 ············ 53
   4.1 基本理论与相关综述 ·· 55
   4.2 指标选择与相关性分析 ··· 60

  4.3 描述性统计分析 ……………………………………………… 61
  4.4 回归模型的建立与分析 …………………………………… 62
  4.5 结果分析 …………………………………………………… 64
  4.6 本章小结 …………………………………………………… 65

第 5 章 政策影响的林农小额林权抵押贷款成本与收益分析 ………… 67
  5.1 成本收益的相关理论 ……………………………………… 69
  5.2 相关的成本与收益分析 …………………………………… 71
  5.3 模型的建立、计算与分析 ………………………………… 78
  5.4 本章小结 …………………………………………………… 84

第 6 章 农户小额林权抵押贷款的 SWOT 政策战略与模式构建 ……… 87
  6.1 SWOT 分析方法 …………………………………………… 89
  6.2 农村小额林权抵押贷款的 SWOT 分析 ………………… 89
  6.3 农村小额林权抵押贷款的政策性战略与模式类型 …… 95
  6.4 农户小额林权抵押贷款的政策性战略模式选择 ……… 98
  6.5 本章小结 …………………………………………………… 100

第 7 章 结　论 ………………………………………………………… 101
  7.1 结论 ………………………………………………………… 103
  7.2 不足与展望 ………………………………………………… 106

参考文献 ……………………………………………………………………… 107

第1章

引 言

林权抵押贷款是指债务人或第三人以其林地使用权和林木所有权作为抵押物，向债权人（农业银行、农村信用合作社等金融机构）申请借款的行为。而农户小额林权抵押贷款是指针对农户发放的林权抵押贷款，主要包括小额林权抵押贷款、小额林权贴息抵押贷款和小额林权担保抵押贷款三种形式。一般情况下，农户小额林权抵押贷款的贷款额度小于10万元，贷款期限不超过3年。随着集体林权制度改革的不断深入，农户小额林权证抵押贷款作为一种新兴的林业融资方式，逐渐得到政府、金融机构和林农的认可，但依然存在众多问题，尤其是如何解决供给不足、需求旺盛的瓶颈，已迫在眉睫。本书在理论研究的指导下，结合定量分析，研究农户小额林权证抵押贷款政策模式存在的问题，并在研究政策的基础上，建立政策性小额林权抵押贷款的发展模式。

1.1 研究背景与意义

林业对于国民经济和各项社会事业的发展有着重要的意义，国家林业局发布的第八次全国森林资源清查结果显示，我国森林面积2.08亿公顷，森林资源丰富。近年来，虽然政府加大了对林业的投入，但在财政资金有限的情况下，仅仅依靠政府投入是不够的，林业融资难成为制约林业可持续发展的突出问题之一，而融资难主要在于抵押担保难。2008年以《中共中央国务院关于全面推进集体林权制度改革的意见》（中发〔2008〕10号）（以下简称《意见》）发布为标志，全国集体林权制度改革进入全面推进阶段。《意见》的重要政策措施之一是林业投融资改革，明确要求"金融机构要开发适合林业特点的信贷产品，拓宽林业融资渠道"。十七届三中全会指出，政府将给予农村发展小额信贷组织政策上的支持和鼓励，并且发展农村产权制度，特别是土地（及其林地）承包权的流动，为农民获得信贷增加抵押物提供条件。2013年7月5号，中国银监会和国家林业局发布《关于林权抵押贷款的实施意见》（银监发〔2013〕32号）[1]，用于规范林权抵押贷款业务，完善林权登记管理和服务。同年，财政部发布《关于做好森林保险试点工作有关事项的通知》（财金〔2009〕165号）[2]，规定森林保险的保险标的为正常的商品林及林权抵押贷款的林木（财金〔2013〕73号）。2014年3月11号，财政部发布《农村金融机构定向费用补贴管理办法》（财金〔2014〕12号），以巩固和扩大农村金融机构定向费用补贴政策效果，进而扩大农村金融服务覆盖面积，促进农村金融服务体系建设。同年，国务院办公厅发布《关于金融服务"三农"发展的若干意见》（国办发〔2014〕17号），推行"一次核定、随用随贷、余额控制、周转使用、动态调整"的农户信贷模式，合理确定贷款额度、放款进度和回收期限。加快在农村地区推广应用微小额贷款。推广产业链金融模式。提出创新农村抵（质）押担保方式，健全完善林权抵押登记系统，扩大林权抵押贷款规模，且加大对"三农"金融服务的政策支持。2016年，《国务院办公厅关于完善集体林权制度的意见》（国办发〔2016〕83号）要求进一步放活经营权，培育家庭林场、股份合作林场、专业合作组织等新型经营主体，健全林业社会化服务体系，促进多种形式的适度规模经营。银行业金融机构要建立抵押财产价值评估制度，对抵押林权进行价值评估，以30万元为节点，实行分类管理。推广林权按揭贷款、林权直接抵押贷款、林权反担保抵押贷款、林权流转交易贷款、林权流转合同凭证贷款和"林权抵押＋林权收储＋森林保险"贷款等林权抵押贷款模式。2018年，中央一号文件《关于实施乡村振兴战略的意见》中进一步提出乡村振兴，摆脱贫困。从而推进体制机制创新，强化乡村振兴制度性供给。深入推进农村集体林权制度改革，将农村自愿变资产、资金变股金、农民变股东。通过相关重点政策的不断出台，国家致力于推进"三农"的发展，在防范金融风险的同时，积极给予政策和资金支持。而探索林权抵押贷款的创新模式，是推进这一目标的重要措施。

在实践中，为了积极落实林权抵押贷款的相关政策和探索贷款模式，陕西省发布《关于完善集体林权制度的实施意见》（陕政办发〔2017〕89号），强调集体林权可通过转包、出租、互换、转让、入股、抵押或作为出资等方式有序流转，鼓励金融机构积极推进林权抵押贷款业务，推广"林权抵押＋林权收储＋森林保险"贷款模式和"企业申请、部门推荐、银行审批"运行机制，探索集体林业经营收益权和公益林补偿收益权市场化质押担保贷款，重点支持龙头企业、林业专业合作社、林下经济示范基地开展林权抵押贷款业务。这些业务模式对企业和林业大户的开展具有重要意义，但是如何推进小额林权抵押贷款模式，增加林农收入，亟待解决。浙江省 2014 年 10 月出台《关于加快推进林业改革发展全面实施五年绿化平原水乡十年建成森林浙江的意见》（浙委发〔2014〕26 号），明确提出创新林业金融改革，推广多种林权抵押贷款模式，包括农户家庭以林权入股联合经营，按股分红，主要形式有家庭内部股份制、合作造林股份制、联户经营股份制、集资型股份制等，这些模式对农村政策性小额林权抵押贷款模式的建立均有一定借鉴意义。2009 年福建省发布《福建省林权登记条例》，以规范林权登记行为，加强林权管理，保护林权权利人的合法权益。引导资产管理机构参与林权抵押贷款风险防范，贷款出险后，由资产管理机构优先从银行收购抵押林木，并依法处置，符合采伐条件的，林业部门优先予以办理林木采伐许可证，最长贷款期限可达 30 年。2019 年，进一步实施林业投入创新扶贫。推广林权按揭贷款和"福林贷""惠林卡"等普惠林业金融产品，促进林权直接和间接抵押贷款增量扩面，有效对接贫困户生产经营和生活消费。争取金融机构增加林业贷款投放，不断优化贷款发放条件，简化办事流程。支持有条件的地方探索建立"森林生态银行"，对老弱病残等无劳动能力贫困户的林地林木资源，提供托管经营服务。继续推进林权收储机构建设和森林综合保险，完善林权抵押贷款风险防范机制。至 2020 年，生态公益林全部参加森林综合保险，商品林保险继续保持高覆盖面，林业贷款将稳步增长。由此，随着集体林权制度改革的深入和政策的支持，农户小额林权抵押贷款被重视，在实践中，与农村的扶贫工作直接对接。

从理论上，林业经济外部性和森林的公共产品属性要求建立政府主导的林权贷款，而林权贷款的抵押产品主体林地、森林和林木难以真正市场化流转，面临林业保险、森林资产评估体系严重欠缺以及政策性限制使得林农抵押物收益难以实现等众多问题，这些都依赖政府公共职能的充分发挥和公共财政资金的支持，这必然要求建立农村政策性小额林权抵押贷款模式。

该模式的研究，对落实"十二五"规划中的富民政策，解决林农资金缺口，提高林农的收入，对落实"十三五"规划中的脱贫工作，整合各类扶贫资源，开辟扶贫新资金渠道，具有重要现实意义；农户小额林权抵押贷款的发展，对建立林权融资平台，创新金融产品和拓展金融机构利润空间具有重要现实意义；从林业的长足发展而言，模式的建立，为林业产业结构的调整和规模化经营提供契机，同时，农村政策性小额林权贷款模式的建立为制定科学的林业政策提供实证依据，有助于构建服务型政府的公共财政体系。

1. 落实"十三五"规划中的脱贫工作，整合各类扶贫资源，拓宽资金渠道与融资方式具有重要现实意义

"十三五"规划中明确提出实施"脱贫"工作。我国山地面积占国土面积的69%，山区拥有全国90%以上森林资源，山区人口占全国人口的56%，贫困人口众多。林改后，随着广大林农生产积极性的提高，林农对资金的需求十分迫切，资金缺乏严重制约了林区农民维持简单再生产和扩大再生产的能力。据课题组调查，在对福建、浙江和陕西省林农调查的462份问卷中，90%农户对5万元以下的小额贷款有资金需求。从现实情况看，我国宏观背景下的金融资本充裕；对于林农而言，林地是最重要的生产资料，森林和林木是重要资产，小额林权贷款的模式设计和业务开展，将成为林农获得资金的现实选择与重要途径。随着集体林权制度改革的不断推进，林权的明晰和林权的监管、交易、流转等配套服务的逐步完善，为金融部门在林区开展金融创新提供了有利条件和巨大的需求市场。截至2017年，除上海和西藏以外的29个省（自治区、直辖市）已确权林地面积27.05亿亩，累计发证面积26.77亿亩，占已确权面积的98.97%。林改后，全国已发放林权证1.01亿本，户均拥有近10万元森林资源资产。借助这一平台，积极开展小额林权抵押贷款，不仅能实现农村信贷史上以林权证为抵押物的新突破，还可以有效解决林农贷款难的问题，将林业的资源优势转化为生产力优势，进而带动农村经济的发展、农民收入，消除城乡二元结构，促进城乡和谐发展。由此，农村政策性小额林权贷款模式的建立，对有效解决林农资金缺口，提高林农收入，拓宽资金渠道与融资方式，以及新农村的建设都具有重要的现实意义。

2. 建立林权融资平台，创新金融产品和拓展金融机构利润空间具有重要现实意义

2008年6月8日，以《中共中央国务院关于全面推进集体林权制度改革的意见》（中发〔2008〕10号）发布为标志，全国集体林权制度改革进入全面推进的新阶段。《意见》把推进林业投融资改革作为完善集体林权制度改革的重要政策措施，明确要求"金融机构要开发适合林业特点的信贷产品，拓宽林业融资渠道"。2013年11月12日，《中共中央关于全面深化改革若干重大问题的决定》中指出"要加快构建新型农业经营体系、赋予农民更多财产权利、推进城乡要素平等交换和公共资源均衡配置"。关于全面改革的意见在2015年的国内重大会议上再次提出，要将农村新集体林权制度改革后的集体林地经营权和林木所有权落实到农户，保障农民生产经营的主体地位。2016年1月27日，新华社全文发布中共中央、国务院发布的《关于落实发展新理念加快农业现代化实现全面小康目标的若干意见》中提出，推动金融资源更多向农村倾斜，积极发展林权抵押贷款，完善森林保险制度，到2020年基本完成土地等农村集体资源性资产确权登记颁证、经营性资产折股量化到本集体经济组织成员，健全非经营性资产集体统一运营管理机制。

林权证的发放，涉及千家万户的利益，众多的客户，必将是农村金融机构赖以生存和创利的基础，如果政府提供政策性保障，则农村政策性小额林权贷款模式的设计及运转，必将以利益驱动促使金融机构进行多产品设计，构建林权融资平台。

3. 农村政策性小额林权贷款模式的建立为林业产业结构的调整和规模化经营提供契机

从长远来看，农村政策性小额林权贷款模式的建立，为林业产业结构的调整和规模化经营提供契机。在模式中，政府的贴息政策和生态效益补偿政策的出台，都是以经济驱动力鼓励造林，发展林业产业。《林业贷款中央财政贴息资金管理办法》（财农〔2009〕291号）规定对林权农村小

额贷款的申请或准入在相关规定范围可以获取财政贴息，贴息率为3%[3]。农户和林业职工个人用于从事营造林、毛竹林扶育等林业资源开发的，并小于30万元的贷款项目，贷款期限5年以上（含）的，贴息期限为5年；贷款期限不足5年的，按实际贷款期限贴息。在中央贴息政策的基础上，各地根据自己的林业资源特点，出台相应的规定。浙江省丽水市及其辖县政策规定，对低收入农户小额贷款和2万元以下的林权抵押贷款执行基准利率，县财政给予基准利率30%~50%的财政贴息。青田和松阳等县则对困难户、特困户的贷款，给予全部贴息。《中央财政林业补助资金管理办法》（财农〔2014〕9号）规定对各省符合规定条件的林业贷款，中央财政年贴息率为3%。对新疆生产建设兵团、大兴安岭林业集团公司符合该办法规定条件的林业贷款，中央财政年贴息率为5%。林业贷款期限3年以上（含3年）的，贴息期限为3年；林业贷款期限不足3年的，按实际贷款期限贴息。对农户和林业职工个人营造林小额贷款，适当延长贴息期限。农户和林业职工个人营造林小额贷款是指贴息年度内累计额30万元以下的营造林贷款。贴息补贴采取分年据实贴息的办法。对贴息年度内贷款期限1年以上的林业贷款，按全年计算贴息；对贴息年度内贷款期限不足1年的林业贷款，按贷款实际月数计算贴息。这些政策客观上促进了林业产业的结构调整和规模化经营。

4.构建服务型政府的公共财政体系，为制定科学的林业公共政策提供实证依据

农村小额林权贷款模式的建立，涉及众多的制度和政策问题，包括林权抵押的法律界定、林权证的发放政策、林木采伐限额政策、林业贴息政策、生态效益补偿政策，以及森林资产资源评估机构的准入制度和科学的评估体系问题，林业保险机构的缺乏和森林保险制度的建立等问题，都要求科学地制定政策和制度，以及财政资金支持，这都进一步要求政府充分发挥其公共职能，构建服务型政府的公共财政体系，由此，对农村小额林权贷款的调查研究和模式设计，也必将为制定科学的林业政策提供实证依据。

1.2 研究综述

近几年,对农户小额林权抵押贷款的研究日益增多,形成了很多相关的理论,其中包括对林权及农村小额林权贷款的概念研究、农村小额林权贷款的研究以及农村政策性林权农村小额贷款发展趋势的研究。

1. 林权及农村小额林权贷款的概念研究

学者们对于林权的概念有多种定义,有学者定义林权是国家、集体、自然人、法人或者其他组织对森林、林木和林地依法享有的占有、使用、收益或者处分的权利[4, 5],也有学者认为林权是以森林资源所有权、使用权为核心的一组民事财产权利,一般是指森林、林木、林地的所有权和使用权[6]。森林、林木的所有权是指所有人依法对森林、林木享有占有、使用、收益和处分的权利[7]。从法律性质上来看,林权是权利人依法对林木享有的直接支配和排他的权利(包括林木所有权、林木使用权、林木使用权人的林木采伐权和林木抵押权[8]),是指依照法律,权利人对涉林客体所包含的经济价值、生态价值与其他非经济价值,进行占有、使用、收益和处分的权利[9]。也有学者认为,林权属于财产权利,具有与一般物权所具有的共同特性,即林权也具有直接支配性、排他性、受益性、优先性等物权特征。而从物权法的视角,"林权"并非一种具体的物权类型,而是"涉林物权"的统称,包括森林资源所有权、林木所有权、林地所有权、林地承包经营权等具体物权形态,涉及物权体系中的所有权和用益物权两种类型[10]。具体来说,林权包括森林、林地、林木的所有权,林地的使用权,林地的承包经营权,林地的地役权,以及森林、林木和林地的抵押权等[11, 12]。

很多学者对林权的概念及其范围进行了研究,在农村小额贷款研究中,林权证作为林权的有效凭证,从物权法的视角,可以进行抵押、担保,这就为农村小额林权贷款中林权的流转获取了法律依据。在实际的流转过程中,根据项目组的实地调研,陕西省富县、西乡县森林林木林地流转合同中,将林权划分为三类：森林林木所有权、森林林木使用权和林地使用权[13]。

世界银行扶贫协商小组（CGAP）将小额信贷定义为专向低收入阶层提供小额度的持续信贷服务活动。国际通行的标准小额信贷是集信贷、理财、技术指导和信息服务于一体，贷款对象仅限于穷人，贷款金额小，借款人无需提供或提供较少的担保品，但需参加由不含直系亲属的几户（一般为2~5户）组成的互助互保贷款小组，小组成员互相担保、互相监督、责任连带。小额度是一个相对概念，根据各地区不同经济发展状况有所不同。

目前农村小额林权贷款模式的研究主要集中于林权抵押小额贷款。随着新一轮集体林权制度改革的深入，林业产权逐渐明晰，林权证作为贷款抵押物突破了农村信贷缺乏合理抵押物的制约。目前林权抵押贷款有大宗和小额之分，与大宗林权抵押贷款针对林业大户和林业企业贷款的行为相比，小额林权抵押贷款是指普通农户通过将森林资源抵押向金融机构贷款的行为，主要针对普通农户贷款。在种类上它属于林权抵押贷款，只是有小额度的范围，而小额度对于不同经济地区其额度范围是不同的[14]。在贷款额度上，发达地区小额信用贷款额度可提高到10万~30万元，欠发达地区可提高到1万~5万元，其他地区在此范围内视情况而定（《关于银行业金融机构大力发展农村小额贷款业务的指导意见》银监发〔2007〕67号）[15]。

关于林权抵押贷款的概念，邹海林、常敏认为，林权抵押属共同抵押[16]。土地上生长的林木，为地上附着物，属于不动产。设定土地使用权抵押时，应否将土地上生长的林木一同抵押，我国担保法没有明文规定。但从实务来说，林木和土地不可分离，与土地分离的"林木"失去不动产的地位，不属于抵押担保的"林木"。还有些学者认为林权抵押贷款主要是指森林资源资产权利人将其拥有的森林、林木的所有权或使用权和林地的使用权作为担保，向银行、农信社等金融机构借款，或者由专业担保公司担保借款，而森林资源权利人以林权向其反担保的行为[17, 18]。也有些学者从政策角度进行了解释，林权抵押贷款是森林资源资产抵押贷款的简称，是指贷款人按相关法律政策法律的规定，以借款人或第三人持有的《林权证》上记载的林木所有权以及林地使用权作为抵押，林业管理部门对其确认产权并且办理登记后而发放贷款，当借款人不履行到期债务或发生当事人约定的实现抵押权的情形时，贷款人有权就该抵押物优先受偿的一种法律制度[14, 19]。2010年3月15日，《云南银行业林权抵押贷款管理暂行办法》（云银监发〔2010〕71号）中规定：林权抵押贷款是指借款人以其本人或第三人依法有权处分的林权作抵押物向银行业金融机构借款的行为[20, 21]。2013年，银监会、国家林业局《关于林权抵押贷款的实施意见》（银监发〔2013〕32号）指出：银行业金融机构要积极开展林权抵押贷款业务，可以接受借款人以其本人或第三人合法拥有的林权作抵押担保发放贷款。可抵押林权具体包括用材林、经济林、薪炭林的林木所有权和使用权及相应林地使用权；用材林、经济林、薪炭林的采伐迹地、火烧迹地的林地使用权；国家规定可以抵押的其他森林、林木所有权、使用权和林地使用权。

2. 农村小额林权贷款的研究

农村小额林权贷款的研究，在我国以江西、福建为代表的南方集体林区进行林农小额贷款，结合林业产权改革的背景，开展以森林资源资产为抵押的小额信贷实践。森林资源资产抵押贷款是从2003年开始实施的一种方式，它是我国小额贷款在林业领域的有效载体[17]。

2009年1月11日，清华大学、国家林业局和福建省林业厅在北京联合举办了"小额林权抵押贷款和森林保险政策座谈会"。林业改革先行省相继进行了林权抵押贷款的探索。从全国各地正在进行的林权抵押贷款情况看，以企业和大户为对象的林权抵押贷款主要依靠市场机制来运作，已基本走上正轨，目前的难点在于农户的小额贷款[22]。黄建兴认为，当前农村最需要贷款而且最难贷到款的是中低收入群体。小额林权抵押贷款虽然被广大林农认为是十分现实的选择，但由于缺少农村金融服务平台和相应的金融产品，目前还无法满足广大群众的资金需求。根据项目组在福建、江西和陕西作的调查，462份问卷中，90%的林农有小额贷款的资金需求，林权农村小额贷款模式的构建，将给广大林农构建资金供给的平台。但林权农村小额贷款面临着很多问题[13]。

从目前农村小额林权贷款的申请和审批流程分析，与农村小额林权贷款模式有关的主要利益者是政府、金融部门、林农、森林资产评估机构和保险机构。而每一个主要利益相关者目前都存在着众多问题。第一，从政府而言，《森林资源资产抵押登记办法》《物权法》和《担保法》等法律制度关于林木和林地抵押方面存在瑕疵[23]：林地抵押权不明限制了林地使用权的流转[24]、政策偏差农户难以获取作为抵押物的林权证[25]、木材限额采伐政策的限制加剧还贷风险、政府贴息政策和生态效益补偿政策需要落实。第二，从金融机构而言，首先，提供以林木抵贷业务的金融机构少，借款期限短；从事前监管而言，主要面临以下问题：（1）贷款产品的设计与林业生产特点不匹配[26-28]。（2）申请程序复杂，对抵押物限制过严[29]。（3）贷款门槛高，融资成本高等[30, 31]；从事中监管而言，追踪贷款制度以及监管风险大；从事后管理而言，最主要的问题是贷款处置偿还和保障补偿机制尚未形成。（4）服务林农意识有待增强。大多金融机构以盈利为目的，考虑更多的是如何实现零风险，服务对象更倾向于公司、企业或大户，对服务林农小额贷款意识较弱，一定程度上致使林农存在不想贷、不愿贷等现象[32]。第三，从林农而言，贷款获取难，贷款成本高，尤其是贷款利息率高；木材采伐和还贷解押的操作程序设计使收益难以落实；从事林业生产的自然风险高[33]。第四，森林资产评估机构不健全，林权评估困难，评估费用过高[28]。第五，林业保险不配套，远不能满足目前林业发展的需要，无法减缓林农从事林业生产的风险等问题，阻碍了林权抵押贷款业务的开展[28, 34]。

国内学者在对我国小额林权抵押贷款现状分析的基础上，指出其现阶段发展存在的一些问题。有学者总结了福建省林业融资面临的困难：林业小额贷款发展缓慢，贷款期限过短，贷款利率偏高，抵押物处置困难，森林保险缺乏等问题[35]。另外还存在金融产品期限不符合林业产品生产周期、金融机构投资风险大、林业信用担保机构缺乏、体系建设不完善、贷款利率高的问题[36]。

针对目前农村小额林权贷款面临的问题，学者们提出了一些建议。首先，建立金融服务平台、创新金融产品，建议强化国家政策扶持[28]，包括建立小额林权抵押贷款贴息扶持政策、实行税收优惠政策，以及设立小额林权抵押贷款风险准备金制度[29, 37]。充分发挥政府的公共职能，完善林业社会化服务体系，培育市场化的中介组织，以及尽快建立流转交易的信息网络化平台[29]。金融机构设计多模式的林业信贷产品，建立科学的内部控制制度。建立专业森林资源资产评估机构，设计科学的评估指标体系，对森林资源进行合理作价[28]；完善林业保险的政策法规，建立政策性保险机制，加大对林业保险的投入，抵御森林资源的自然风险[14, 34]；引导金融机构开发针对林业的金融产品、建立林农信用体系、完善风险防范机制、设立林业资产评估机构、设立小额林权抵押贷款贴息扶持政策的建议[36]。国家林业局、中国银监会调研组提出：尽快协调出台《全国林权抵押贷款管理办法》，加快编制林权管理服务中心建设规划、加大标准化建设试点力度，鼓励发展林下经济，加快培育和发展农民林业专业合作组织，加大林业贷款贴息，尤其是对农民个人的小额贷款贴息力度，进一步扩大中央财政森林保险保费补贴范围，提高财政补贴比例[38]；加大宣传力度，并对农户加强教育与培训，进一步建立规范的林权流转交易市场，加快建立完善林权收储机制，继续协调金融部门加大对林业发展的金融支持力度[32, 39, 40]。

众多学者通过实证性研究对目前农村小额林权抵押贷款模式进行了分析总结。从模式上看，农村小额林权贷款模式可以有：单户直接林权抵押贷款、联户联保林权抵押贷款模式[41]、信用基础上的林权抵押贷款和协会担保林权抵押贷款模式。吴盛光将典型地区的农村林权抵押贷款的运作模式总结为：（1）福建永安模式：该贷款模式采用了传统银行贷款业务一般做法，如用款人抵押担保的同时，运用了开发性金融政府组织增信的原理，引入了政府财政信用的担保。（2）浙江丽水模式：该模式创新金融支持林权改革服务产品，包括小额循环贷款、林权直接抵押贷款和收储中心担保贷款；建立流转平台，包括林权管理中心、森林资源收储中心和林权交易中心；强化政策支持，包括利率优惠、财政贴息、风险补偿、林业保险以及税费减免。（3）辽宁宽甸模式：宽甸模式最大的特点就在于建立了比较完善的林权交易、评估、登记体系；通过媒体宣传、印制教材、充当向导等多方联动，搭建林权抵押贷款平台；采用小额林权抵押贷款、直接抵押贷款、担保贷款等方式，拓展融资渠道；下浮林权抵押贷款利率，调动林农参加林权保险的积极性；防范风险，规范林农贷款操作程序[42]。黄艳红等提出林权贷款的主要模式有：政策性贷款模式、林权直接抵押贷款模式和担保贷款模式[43, 44]。叶朝坤等基于庆元县林权抵押贷款实践，介绍了"林权IC卡"林权抵押贷款的创新模式[45]。

3. 农村政策性林权农村小额贷款发展的必然趋势

结合我国国情和目前农村小额林权贷款的发展，从长期发展而言，农村小额林权贷款模式的建立，需要以政府主导，充分发挥政府的公共职能和公共财政的资金支持，由此，需要建立农村政策性小额林权贷款模式。国际主流观点认为，各种模式的小额贷款模式包括两个基本层次的含义：第一，为大量低收入（包括贫困）人口提供金融服务。第二，保证小额信贷机构自身的生存与发展[46-48]。而这两层概念必然要求发挥政府的公共职能，即消除贫困的职能，同时，发展中国家的实践证明，成功的小额贷款项目是否成功的条件：一是必须实施有效管理；二是必须有训练有素的信贷人员；三是必要的财政支持，以保证农村金融机构在保障农民利益和需要的基础上正常运转[49]。从目前林权抵押贷款的实践而言，林权抵押改革是一个系统工程，涉及多个职能部门，需要发挥政策体系的协同效应。从探索模式实践中，可以发现多种公共政策的综合运用。包括利率政策（金融机构对林权抵押贷款实行优惠利率）、财政政策（由地方财政按利率优惠部分给予贴息，对执行基准利率的小额林权抵押贷款给予贴息）、补偿政策（参照农业贷款风险管理办法，对发放林权抵押贷款的金融机构给予风险补偿）、保险政策（将林木纳入农业政策性保险范围，由财政出资统一保险、统一理赔）和税收政策（适当减免林权评估、抵押登记、贷款保证、流转变现等环节的费用）。农村小额林权贷款模式的成功构建，需要一系列财政政策支持，都进一步体现了建立农村政策性小额林权贷款模式的必要性，以及运转的可行性。从理论上来讲，林业的外部性和森林产品的公共属性也要求政府的介入，同时由于森林资源经营主体的部分产权受限，都要求在很长的一段时期内，建立政府主导的政策性林农小额贷款模式[50-53]。

4. 结论

通过总结分析以往文献对林权抵押贷款的理论与实证文献较多，但有关农村政策性小额林权抵押贷款研究很少。从农村小额林权贷款的概念、发展现状、问题和建议，以及对实践中的不同模式进行研究综述，可以得出以下结论：

第一，有关农村政策性小额林权贷款问题的研究较少，其中农村小额林权贷款的文献也不多。在已有的研究中，主要以工作总结和新闻报道类的文章居多，辅以少量的案例研究。

第二，研究内容较为肤浅，多为现象描述、总结性描述，定性研究也不多，定量研究较少。

第三，研究方法简单，大多停留在传统调查研究的基础上。农村小额林权贷款是个新事物，农村政策性小额林权贷款模式的建立也需要各方研究的介入，尤其是对农村政策性小额林权贷款的功能作用、影响因子及其在农村金融市场中的地位问题，需要运用相关经济数学工具、经济学、农村金融理论进行定性、定量和实证研究予以佐证。

1.3　研究框架和主要研究内容

本书在对案例省份主要相关利益者进行调研的基础上，分析农村小额林权抵押贷款模式的运作机理，利用 SPSS 统计工具，运用回归分析法，系统地揭示模式的影响因子，并运用成本收益分析法，对资金供需方进行经济可行性分析。在对模式的法律法规以及政策制度进行系统研究的基础上，以 SWOT 分析法，初步构建农村政策性小额林权贷款模式，如图 1-1 所示。

本书的内容具体归纳为五个方面，现分述如下：

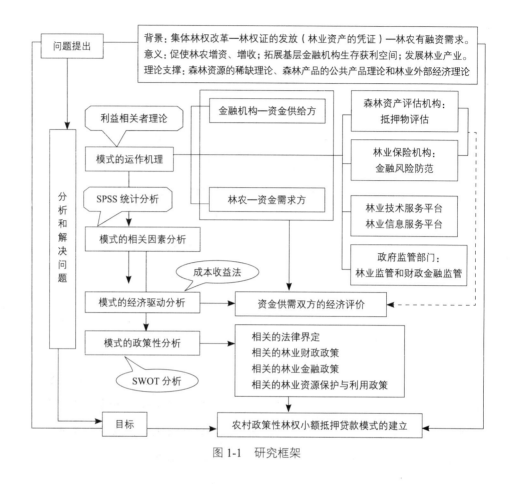

图 1-1　研究框架

1. 问题的提出——农村政策性小额林权抵押贷款模式研究的背景和意义

在项目组已有的研究成果中，重点分析了农村林权抵押小额贷款流程，进行了相关利益者的辨析，包括其主要利益相关者和次要利益相关者。在主要利益相关者的研究中，重点研究了林农对小额林权贷款的意愿、在贷款过程中的问题和可能的建议；重点研究了农村信用合作社金融风险的形成及监管中的问题；重点研究了政府在林权农村小额贷款中的作用，以及相关的政策和问题，并形成初步建议。本研究需要进一步解决农村小额林权抵押贷款模式在农村金融体系中的功能性定位问题，以及政府在模式中的功能性定位和财政渠道获取融资的具体方式，并以经济学、财政学理论予以佐证。

2. 农村政策性小额林权抵押贷款模式的运作机理和相关影响因素分析

对农村政策性小额林权贷款的主要利益相关者进行辨析的基础上，深入分析模式的运作机理，并对相关因素进行系统分析，利用SPSS统计软件，运用回归分析，通过对林农基本情况、贷款情况、森林保险情况和资产评估等因素进行系统地分析，以确定农户贷款需求的主要影响因素。

3. 农村政策性小额林权抵押贷款的经济性分析

对农村政策性小额林权贷款的资金供求方进行系统地经济评价。本书在已有研究成果的基础上，将林农和农村信用合作社作为资金需求方和供给方，分别确定其直接与间接成本、直接与间接收益，进行成本收益分析，应用供求理论，考察农村政策性小额林权抵押贷款用于林业用途的经济可行性，以考察林农参与林权农村小额抵押贷款模式的经济驱动力。

4. 农村政策性小额林权贷款的政策性分析

总结农村小额林权抵押贷款相关政策的基础上，剖析这些政策对农村小额林权贷款的制约和导向，包括利率政策（金融机构对林权抵押贷款实行优惠利率）、财政政策（由地方财政按利率优惠部分给予贴息，对执行基准利率的小额林权抵押贷款给予贴息）、补偿政策（参照农业贷款风险管理办法，对发放林权抵押贷款的金融机构给予风险补偿）、保险政策（将林木纳入农业政策性保险范围，由财政出资统一保险、统一理赔）、税收政策（适当减免林权评估、抵押登记、贷款保证、流转变现等环节的费用）、木材采伐政策、森林生态效益补偿政策、森林资产评估政策等。进一步分析政策存在的问题和解决方案。通过政策性分析，深度分析政府在农村政策性小额林权贷款模式中的战略定位。

5.初步构建农村政策性小额林权抵押贷款模式

应用 SWOT 分析模型,初步构建农村政策性小额林权抵押贷款的战略模式,对模式的现有缺点进行分析,在此基础上提出制度性建议。

1.4 研究方法与数据来源

1.研究方法

本书主要按照 4 个阶段进行研究,在这 4 个阶段中,结合不同阶段的主要研究工作,采取的研究方法也不同,如图 1-2 所示。由于本书主要是对农村政策性小额林权抵押贷款模式的构建进行研究,因此,本模式的经济驱动和政策运行机理分析尤为重要。本书主要依据政策经济学、农村金融和林业经济学的理论,采取指标分析法、回归分析法和成本效益分析法等方法。

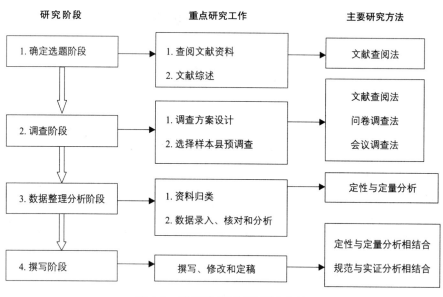

图 1-2 研究技术路线及研究方法

2. 数据来源

本书数据来源于实地调研［依托教育部人文社科项目：农村政策性小额林权抵押贷款模式研究（11YJCZH258）］，调研地涉及3个省，分别为：福建省清流县和尤溪县、浙江临安、陕西省富县和西乡县。本书调查问卷分为机构调查和农户调查，机构调查包括政府机构和金融机构，政府机构包括4个县林业局、乡林业站；金融机构包括4家农村信用合作社，10家担保公司；农户调查共发放问卷462份，收回问卷410份，有效率为88.74%。

具体问卷数据见表1-1。

调研问卷情况　　　　　　　　　　　　　　　　　表1-1

调研地	福建省清流县	福建省尤溪县	浙江临安	陕西省富县和西乡县
问卷对象	农户、清流县林业局	农户、尤溪洋中乡信用合作社、尤溪农村信用合作联社、尤溪林业局	农户、临安县林业局	农户、西乡农村信用合作社；陕西交道信用社；富县林业局；西乡县林业局
问卷情况	发放：200份 收回：183份	发放：44份 收回：44份	发放：200份 收回：165份	发放：18份 收回：18份

农户调查问卷主要包括农户调查表，具体分为5部分：第1部分为农户基本情况，包括农户家庭人口、劳动力状况、文化程度、家庭收入、耕地林地情况、林权证发放情况、对农村金融服务现状的看法等；第2部分为生产经营情况，包括经营面临的问题、林业投资资金来源、林地经营方式、林地流转相关情况等；第3部分为信贷服务情况，包括近三年是否有过借款的需求、是否申请过贷款、借款的主要用途、借款的期限、经常借款的数量、借贷资金的来源渠道、获得的贷款种类、贷款到期后是否会出现拖欠等；第4部分为森林保险情况，包括近五年林地是否遭受损失、灾害类型、受灾面积、是否听说过森林保险、投保意愿等；第5部分为资产评估情况，包括是否愿意进行林地林木评估、现行评估的可信度、可利用性、收费标准是否满意等。

1.5 本章小结

本章内容首先介绍本研究的背景与意义,根据重要的相关政策梳理,指出集体林权制度改革不断深入,农户小额林权抵押贷款逐渐兴起,并通过调研地实践中的政策性设置,说明农村政策性小额林权抵押贷款模式研究的必要性和进程。该模式的研究,对落实"十三五"规划中的脱贫工作,整合各类扶贫资源,拓宽资金渠道与融资方式,具有重要现实意义;对建立林权融资平台,创新金融产品和拓展金融机构利润空间具有重要现实意义;从林业的长足发展而言,模式的建立,为林业产业结构的调整和规模化经营提供契机;为制定科学的林业政策提供实证依据,有助于构建服务型政府的公共财政体系。通过对农户小额林权抵押贷款的研究状况以及发展趋势的综述,认为有关农村政策性小额林权贷款问题的研究较少、研究内容和方法较简单,应该着重对农村政策性小额林权贷款的功能作用、影响因子及其在农村金融市场中的地位问题,需要运用相关经济数学工具、经济学、农村金融理论进行定性、定量和实证研究予以佐证。从而提出了本书的研究框架、研究内容、研究方法以及数据来源,即在对案例省份——福建省清流县和尤溪县、浙江临安、陕西省富县和西乡县的主要相关利益者进行调研的基础上,利用SPSS统计工具,应用回归分析法系统地揭示模式的影响因子;运用成本收益分析法,对林农以贷款用于林业经营的经济可行性;在对模式的法律法规以及政策制度进行系统研究的基础上,以SWOT分析法,从战略发展的视角,初步构建农村政策性小额林权贷款模式,并提出建议。

第 2 章

农户小额林权抵押贷款的获取路线与政策规定

本章主要分析小额林权抵押贷款的获取方式，结合业务申请、审批和验收的流程，对其利益相关者的类别和职能进行辨析和描述。并从宏观和中观两个层面，归纳梳理小额林权抵押贷款的相关政策。

2.1 小额林权抵押贷款的获取路线与利益相关者

1. 小额林权抵押贷款的获取路线

通过对福建省尤溪县、陕西省富县等已开展小额林权抵押贷款业务的地区进行调查研究，以及对相关文献资料的阅读归纳，分析总结出小额林权抵押贷款所涉及的主要利益相关者及贷款的获取路线，具体如图 2-1 所示。

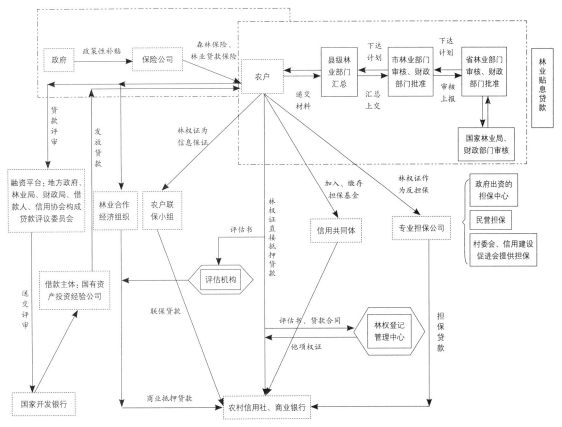

图 2-1 小额林权抵押贷款的获取路线与利益相关者

小额林权抵押贷款的主体是农户，农户可以通过多种形式申请贷款，如通过林业合作经济组织作为担保贷款，农户可以联合成立联保小组，可以通过加入、缴存担保基金成立信用共同体申请贷款，或者通过专业担保公司担保贷款且农户以林权证在担保公司中进行反担保。从流程而言，各地的小额林权抵押贷款业务流程基本类似，申请林权证小额抵押贷款的基本流程包括贷款的申请与受理、森林资源资产的评估、抵押资产的审核与登记及办理并发放贷款手续等。借款申请人都必须持有相关材料和证明才能获得农村信用社的贷款批准，其中除了基本的个人资料证明，还包括林权抵押登记证、林权抵押贷款申请书、林业部门办理评估备案确认书、贷款机构认可的评估机构所出具的林权评估报告。在森林保险方面，本着借款人自愿办理的原则，并不作为强制性要求，在福建省永安市直接将其放入贷款流程中，而陕西省富县在流程中并无此项要求。

2. 小额林权抵押贷款的利益相关者

利益相关者是能够影响一个组织目标的实现，或者受到一个组织实现其目标过程影响的所有个体和群体。任何一个组织的发展都离不开各利益相关者的投入或参与，由此，组织的发展追求的是利益相关者的整体利益，而不仅仅是某些主体的利益[54, 55]。Wheeler从相关群体是否具备社会性，将利益相关者区分为主要利益相关者和次要利益相关者[56]。根据农村小额林权抵押贷款的业务流程，农村林权证小额抵押贷款的次要利益相关者，是间接参与该业务，影响该业务持续发展的利益相关群体或个人。从林权农村小额贷款业务发展的可行性和可持续性的角度考虑，次要利益相关者主要包括森林保险机构、金融监管机构、资金供给方、国家扶贫部门、林业产业协会、产业技术协会等。这些机构和部门的职能对业务的健康持续发展起到必不可少的作用。而农村林权证小额抵押贷款的主要利益相关者是直接参与林权农村小额贷款业务的审批，是直接影响该贷款是否能获得审批的相关机构或个人。从业务申请、审批和验收的整个过程看，主要利益相关者包括林农、政府机构、金融机构、森林资源资产评估机构，分述如下：

（1）资金需求者（贷款方）——林农

林权农村小额贷款业务的借款者必须有林权证作抵押，由此，其借款者定位为拥有林权证的林农。我国山地面积占国土面积的69%，山区拥有全国90%以上森林资源，山区人口占全国人口的56%，贫困人口众多[57]。林改后，随着广大林农生产积极性的提高，林农对资金的需求十分迫切，根据调查，福建清流县和浙江临安县，80%以上林农的借款需求是5万元以内。

（2）资金供给者——金融机构

在我国，运作林权农村小额贷款的机构主要有两种，即农村信用社和新被允许成立的"只贷不存"的小额贷款机构。在项目组调查的福建省和陕西省，承担林权农村小额贷款的主要金融机构是农村信用社，它承担贷款业务的审批、贷款追踪和贷款收回的整个过程。2005年开始，在四川、陕西、山西、内蒙古及贵州进行小额贷款的试点，"只贷不存"，拓宽了获取林权农村小额贷款业务的金融机构，增加该业务运作的灵活性和创新性。两种金融机构都要受到金融监管，按照央行规定的银行贷款利率发放贷款。二者不同的是农村信用社可以吸纳存款，而后者则不能吸纳存款，贷款资金来源是其机构自有资金。

（3）政府机构

林权农村小额贷款的主要利益相关者——政府机构，主要是林业部门和乡、村级政府。林业部门承担的职责主要包括：一是与林权证发放的有关事宜，包括林权的纠纷；二是林权流转过程中需要县林业局审核审批，具体而言，森林资源资产评估备案确认和林权抵押登记都需要林业行政主管部门批复。比如陕西省富县在家庭承包经营的森林资源流转程序中，规定当森林资源流转程序在转让或互换时，需要到县林业局审核审批；森林资源登记备案需要林业站收集资料并将结果汇总给县林业局；乡政府或村委会在林权农村小额贷款业务中也具有审核和审批权。陕西省富县规定森林资源在转包或出租时，需要村委会，甚至乡政府进行审核审批。

（4）森林资源资产评估机构

林权农村小额贷款是以林权证为抵押物的小额贷款业务，在审批贷款的过程中，林权证可以作为资产评估、作价入股、抵押的凭证。

2.2 小额林权抵押贷款的政策性规定

从宏观经济环境看,我国实施"放宽财政,稳健的货币政策",对农村小额林权抵押贷款融资的发展十分有利。目前国民经济呈现稳健的发展态势。2015—2018年,我国的GDP增长率分别为6.9%、6.7%、6.9%和6.6%,说明宏观环境总体平稳。2013年中国共产党在第十八届中央委员会第三次全体会议《中共中央关于全面深化改革若干重大问题的决定》中提出"推进政策性金融机构改革,健全多层次资本市场体系,加快推进利率市场化"。中央经济工作会议上,强调"要适当扩大社会融资规模,保持贷款的适度增加,切实降低实体经济发展的融资成本"。从而发展适度宽松的融资政策。2014年4月央行分别下调县域农村商业银行和农村合作银行存款准备金率2个和0.5个百分点;8月国务院办公厅表示积极稳妥发展面向小微企业和"三农"特色的中小金融机构,增加金融供给。2016年3月5日在第十二届全国人民代表大会第四次会议上,国务院做的政府报告中指出2015年国有企业、农村、投融资、生态文明等领域改革有序推进,全面深化改革的成效正在显现,同时提出2016年重点做好的工作包括积极的财政政策要加大力度,深化金融体制改革,促进多层次资本市场健康发展,提高直接融资比重。2019年在中国由高速增长转向高质量发展的同时,中国的货币政策是稳货币、宽信用和定向支持,积极发挥资本市场的作用。聚力精准施策,决战决胜脱贫攻坚,深入推进农村集体产权制度改革。完善农村集体产权权能,积极探索集体资产股权质押贷款办法(2019年中央一号文件)。由此,宏观财政货币政策有利于农户林权抵押贷款的发展。

从中观层面,国家制定了一系列林业产业与林业融资政策,从而形成了推动农村小额林权抵押贷款融资发展的政策体系。2009年开始,国家推进了集体林权改革,以促进林业产业的发展,并出台了一系列政策,构建农村林权融资平台。包括开发银行、中国农业银行林权抵押贷款管理办法,森林资源资产评估技术规范,以及各省林权抵押贷款管理办法、森林资源资产抵押与实施细则等。相关重点政策见表2-1。

农户林权抵押贷款的重要政策列表 表2-1

时间	政策名称	具体内容	发布单位及政策文号
2009	农户小额贷款管理办法	促进农村经济发展,为农户提供普惠、优质、高效的金融服务提供政策支持	中国农业银行 农银发〔2009〕190号
2009	关于做好集体林权制度改革与林业发展金融服务工作的指导意见	加大对林业发展的信贷、保险等金融服务支持力度,支持集体林权制度改革和林业发展、探索建立森林保险体系	人民银行、财政部、银监会、保监会、国家林业局 银发〔2009〕170号
2009	林业贷款中央财政贴息资金管理办法	农户个人从事营造林、林业资源开发和林产品加工贷款项目,可以申请财政贴息。农户个人营造林小额贷款是指在贴息年度内累计小于30万元(含)的营造林贷款。中央财政年贴息率为3%。贷款期限5年以上(含)的,贴息期限为5年;不足5年按实际贷款期限贴息	财政部、 国家林业局 财农〔2009〕291号
2010	关于开展林权抵押贷款工作的指导意见	支持集体林权制度改革,决定联合开展林权抵押贷款工作,推进我国林业又快又好发展的指导意见	国家开发银行、 国家林业局 开行发〔2010〕112号
2011	中国农业银行林权抵押贷款管理办法(试行)	为切实加大对林业发展的有效信贷投入,规范林权抵押贷款操作的政策规定	中国农业银行
2013	关于2013年度中央财政农业保险补贴有关事项的通知	森林保险的保险标的为正常的商品林及林权抵押贷款的林木。对商品林保险,中央财政保费补贴比例为30%,省级财政至少补贴25%的保费;公益林保险中央财政补贴50%,地方财政至少补贴40%的保费(省级财政至少补贴25%的保费)	财政部 财金〔2013〕73号
2013	关于林权抵押贷款的实施意见	明确提出林农和林业生产经营者可以用承包经营的商品林作抵押,实现了林业资源变资本的政策支持	中国银监会、 国家林业局 银监发〔2013〕32号
2014	中央财政林业补助资金管理办法	规定对各省符合规定条件的林业贷款,中央财政年贴息率为3%。对新疆生产建设兵团、大兴安岭林业集团公司符合本办法规定条件的林业贷款,中央财政年贴息率为5%。林业贷款期限3年以上(含3年)的,贴息期限为3年;林业贷款期限不足3年的,按实际贷款期限贴息	财政部、 国家林业局 财农〔2014〕9号
2015	森林资源资产评估技术规范	统一森林资源资产评估技术标准、科学评估森林资源资产价值、提高森林资源资产评估机构专业水准;为森林资源流转、林权抵押贷款、自然灾害森林资源损失的科学确认等提供重要的参考依据	国家林业局公告 2015年第6号
2016	国务院办公厅关于完善集体林权制度的意见	鼓励和引导市场主体对林权抵押贷款进行担保,并对出险的抵押林权进行收储。建立健全森林保险费率调整机制,进一步完善大灾风险分散机制,扩大森林保险覆盖面,创新差别化的商品林保险产品	国务院办公厅 国办发〔2016〕83号
2017	国土资源部关于推进林权抵押贷款有关工作的通知	对于贷款金额在30万元以上(含30万元)的林权抵押贷款项目,具备专业评估能力的银行业金融机构可以自行评估,也可以依照相关规定、通过森林资源调查和价格咨询等方式进行评估。对于贷款金额在30万元以下的林权抵押贷款项目,银行业金融机构要参照当地市场价格自行评估,不得向借款人收取评估费	中国银监会、 国家林业局 银监发〔2017〕57号

续表

时间	政策名称	具体内容	发布单位及政策文号
2019	关于促进林草产业高质量发展的指导意见	推动林草业经营收益权质押贷款和生态补偿收益权质押贷款。建立林权收储担保服务制度,支持林业规模经营主体创办(领办)林权收储机构,支持其以自有林权抵押折资作为保证资金	国家林业和草原局 林改发〔2019〕14号
2019	关于建立健全城乡融合发展体制机制和政策体系的意见	健全财政投入保障机制。建立涉农资金统筹整合长效机制,提高资金配置效率	中共中央、国务院
2019	关于促进小农户和现代农业发展有机衔接的意见	健全小农户生产技术装备补贴机制,按规定加大对丘陵山区小型农机具购置补贴力度。鼓励各地对小农户托管土地给予费用补贴。提升小农户贷款覆盖面,切实加大对小农户生产发展的信贷支持。引导金融机构增加小农户信贷投放	中共中央办公厅、国务院办公厅

基于农村林权抵押贷款的业务流程和主要利益相关方获取贷款的重要环节,本书从申请贷款范围和用途,贷款利率和期限,抵押物评估、管理和处置,以及森林资源资产保险四个方面,分析其政策重点。

1. 农村小额林权抵押贷款的范围和用途

贷款对象包括从事合法生产经营活动的农户。农村信用社农户小额林权抵押贷款额度一般掌握在30万元(含)以内(云农信联〔2008〕42号)。陕西省规定,所有符合《贷款通则》和 省农行、国家开发银行陕西分行、省信用联社、邮政储蓄陕西分行规定的条件的都可以作为林权抵押贷款对象(陕林改发〔2011〕177号)。贷款适用于林业生产经营、森林资源培育和开发、林产品加工和农民生产生活资金需求等。林农以林权抵押的贷款资金,可以用于生产或消费等各种合法领域(陕林改发〔2011〕177号)。

2. 农村小额林权贷款期限与利息率

银行业金融机构规定林业贷款期限最长可为10年。若林地使用权系抵押人租用的,贷款期限不得超过抵押人已缴纳林地使用权租金的年限减去已经营的年限。《中国农业银行农户小额贷款管理办法》第12条规定,采用一般贷款方式,贷款期限不超过3年,但对从事林果业等回收周期较长的生产经营活动的，可延至5年；采用自助可循环方式的，可循环贷款额度期限不得超过3年。额度内的单笔贷款期限一般不超过1年，最长不超过2年，且到期日不得超过额度有效期后6个月。额度内的单笔贷款期限超过1年时，只有在收回该笔贷款本金的50%后，收回的贷款本金才能在核定的有效期限内再次循环使用。另外，陕西林业厅规定贷款期限以5～10年中长期贷款为主，避免因贷款期限短而与林业生产脱节（陕林改发〔2011〕177号）。

对小额信用贷款、农户联保贷款等小额林农贷款业务，借款人实际承担的利率负担原则上不超过中国人民银行规定的同期限贷款基准利率的1.3倍（银发〔2009〕170号）。林权抵押贷款利率原则上不高于同期限贷款基准利率的1.3倍（陕林改发〔2011〕177号）。

农户个人从事营造林、林业资源开发和林产品加工贷款项目的，可以申请财政贴息。农户个人营造林小额贷款是指在贴息年度内（上年10月1日至当年9月30日，下同）累计额小于30万元（含）的营造林贷款。中央财政年贴息率为3%。贷款期限5年以上（含）的，贴息期限为5年；不足5年按实际贷款期限贴息（财农〔2009〕291号）。

《中央财政林业补助资金管理办法》（财农〔2014〕9号）规定对各省符合规定条件的林业贷款，中央财政年贴息率为3%。对新疆生产建设兵团、大兴安岭林业集团公司符合本办法规定条件的林业贷款，中央财政年贴息率为5%。林业贷款期限3年以上（含3年）的，贴息期限为3年；林业贷款期限不足3年的，按实际贷款期限贴息。

2016年，福建省在持续深化集体林权制度改革的同时，要求福建省各级银行业金融机构将优先安排信贷资金，推广林权抵押按揭贷款业务，最长贷款期限可达30年。

3. 抵押物评估、管理与处置的政策性规定

可抵押林权具体包括用材林、经济林、薪炭林的林木所有权和使用权及相应林地使用权。银行业金融机构开展林权抵押贷款业务，要建立抵押财产价值评估制度，对抵押林权进行价值评估。用材林和竹林的幼

龄林、产出前的经济林，中龄林、产出后到盛产期的经济林，成熟林、过熟林、盛产期的经济林，抵押率分别不得超过评估价值的40%、70%和80%（开行发〔2010〕112号）用材林的幼龄林、产出前的经济林抵押率不超过评估值的40%；用材林的中、近熟林，盛果期的经济林抵押率可以提高到评估值的55%；成熟、过熟用材林可以提高到60%（陕林改发〔2011〕177号）。对于贷款金额在30万元以下的林权抵押贷款项目，银行业金融机构要参照当地市场价格自行评估，不得向借款人收取评估费（银监发〔2013〕32号）。福建省则推广"免评估"小额林权抵押贷款和花卉、竹林抵押贷款，并规定对森林资源资产评估机构、林业调查规划设计机构出具的森林资源资产评估咨询报告应予采信，适当提高林权抵押率（闽政〔2013〕32号）。

对于农村集体森林资源资产批量评估技术，浙江省林业厅结合省内情况，于2015年进行了讨论总结。抵押人在林权抵押期间应继续管理和培育好森林、林木，维护其森林资源资产的安全，银行业金融机构有权按照抵押合同的规定监督、检查报押林权的管理情况。在林权抵押期间，对符合采伐条件的抵押森林、林木，抵押人在征得抵押权人同意后可以申请进行采伐。采伐审批机关办理林木采伐证时，应当查看抵押权人签字盖章的同意书后方予办理林木采伐许可证。抵押人必须按照林木采伐许可证的规定采伐树木，且其收入必须全额或按抵押物的抵押率用于归还贷款本息。

借款人在抵押贷款到期后，无力以货币资金偿还贷款本息或故意逃避债务的，采取林木采伐、拍卖和协议转让、诉讼等方式进行处置。后三种方式处置已贷款抵押的林权，林地使用权转让年限不得超过1个林木轮伐期。有条件的地方，可由市、县（区）林业投资公司成立林木收储中心，对林农林权抵押贷款进行担保，并对出险的抵押林权进行收储，有效化解金融风险。林木收储中心和林业担保机构为林农生产性贷款提供担保的，由省级财政按年度担保额的1.6%给予风险补偿（闽政〔2013〕32号）。

2015年新版《森林资源资产评估技术规范》（国家林业局公告2015年第6号）通过专家审核。《技术规范》吸收了近年来森林资源资产评估理论研究和实践成果，将为森林资源流转、林权抵押贷款、自然灾害森林资源损失的科学确认等提供重要的参考依据。

4. 抵押物的保险政策

《中国农业银行林权抵押贷款管理办法（试行）》第18条贷款申请要求申请人提交林木资源保险单。国家开发银行对已办理森林保险的农户，优先发放抵押贷款（开行发〔2010〕112号）。

森林保险标的为正常商品林及林权抵押贷款的林木。保险金额和费率的确定以"低保费、保成本、广覆盖"为原则，对于具备保险基础、森林覆盖率高、地方政府主动提供保费补贴、先行开展森林保险试点工作的地区，中央财政将提供一定比例的配套保费补贴；对于暂不具备保险条件、地方财政难以提供保费补贴支持的地区，中央财政不作硬性要求（财金〔2009〕165号）。对商品林保险，中央财政保费补贴比例为30%，省级财政至少补贴25%的保费；公益林保险中央财政补贴50%，地方财政至少补贴40%的保费（省级财政至少补贴25%的保费）。保险种类主要是火灾。在保险期限内，因火灾直接造成的保险林木死亡、因火灾施救造成的保险林木死亡，保险公司负责赔偿。森林火灾保险以1/15公顷为投保计量单位，不分树龄与树种，每1/15公顷保额为400元；生态公益林、国有商品林保险费率为4‰，其他为5‰，保险期限为一年（财金〔2013〕73号）。

福建省联同中国人民财产保险股份有限公司福建省分公司提出《福建省森林综合保险方案》，完善生态公益林综合保险协议签订工作及商品林火灾保险与综合保险的衔接工作，并调整保险赔偿金的支付方式（闽林综〔2010〕13号）。于2014年、2015年分别制定本年度"共同推进林木综合保险工作的指导意见"，规范中央、省市县级保费补贴资金申请及结算流程。各县（市、区）保险支公司向省人保财险公司申请保费补贴资金时，应经同级财政、林业部门审核同意，并附以下材料：保费补贴申请、保险单复印件以及经同级财政、林业部门盖章确认后的投保明细表。各县（市、区）保险支公司应留存以下文件备查：保险合同（保单）、开具的保费收据、投保农户或单位缴纳的保费复印件及投保情况明细表。

森林综合保险的责任范围为森林火灾、林业有害生物（包括松材线虫病),以及暴雨、暴风、洪水、滑坡、泥石流、冰雹、霜冻、台风、暴雪、雨凇、干旱等人力无法抗拒的自然灾害造成的保险林木受害损失,人保财险公司按照相应的赔偿标准负责赔偿(闽林综〔2010〕85号)。

2.3 本章小结

本章主要包括两个内容:(1)分析总结了小额林权抵押贷款的业务流程及其利益相关方。基于小额林权抵押贷款的获取方式,结合业务申请、审批和验收的过程,辨析了其主要利益相关者包括林农、政府机构、金融机构、森林资源资产评估机构,次要利益相关者包括森林保险机构、金融监管机构、资金供给方、国家扶贫部门、林业产业协会、产业技术协会等。(2)从宏观和中观两个层面,分析了小额林权抵押贷款的相关政策,尤其包括贴息政策、抵押物的评估管理与处置政策以及保险政策等,这些政策规定对农村小额林权抵押贷款融资的发展十分有利。

第3章
调研样本的基本特征分析

调查地为福建省清流县和尤溪县、浙江临安、陕西省富县和西乡县，调查对象包括机构调查和农户调查，其中，机构调查有4个县林业局、乡林业站的政府机构和4家农村信用合作社、10家担保公司，针对农户调查共发放问卷462份，收回问卷410份，有效率为88.74%。向福建省清流县和尤溪县共发放问卷244份，收回有效问卷227份，问卷有效率为93%；向浙江临安发放问卷200份，收回有效问卷165份，问卷有效率为82.5%；向陕西省富县和西乡县共发放问卷18份，收回问卷18份，问卷有效率为100%。根据调查问卷的统计结果，分别对小额林权抵押贷款、小额林权贴息抵押贷款、小额林权担保抵押贷款三组样本农户，其家庭情况、贷款情况、森林保险和资产评估四个方面进行特征总结和分析。

3.1 小额林权抵押贷款样本农户的特征分析

农户问卷调查表分为5部分，即农户基本情况、生产经营情况、信贷服务情况、森林保险情况和资产评估情况。根据统计结果，发现：小额林权抵押贷款农户的林业收入占农户家庭收入比例较低，林地拥有量低；林农贷款需求旺盛，林权抵押贷款比例有待提升；贷款手续繁杂、贷款期限结构不合理、利率过高导致林农贷款积极性不高；林农愿意购买森林保险，获取政府补贴；农户愿意进行森林资源评估，但应提高评估可信度。现分述如下：

1. 林业收入占农户家庭收入比例较低，林地拥有量低

农户基本情况主要包含家庭人口年龄分布、劳动力满足程度、劳动力受教育程度、家庭主要收入来源、家庭年均总收入、林地面积和林业占总收入比，共六项问卷调查项目，对各调研地农户发放的调查问卷进行整理，得出样本农户基本情况见表3-1。从家庭人口年龄分布、劳动力满足程度、劳动力受教育程度、家庭年均总收入方面，可以看出农户家庭的基本情况具有以下特征：（1）农户的家庭人口年龄分布主要集中在青年。

18～40岁年龄段的人口占41.97%，40～60岁年龄段的人口占16.06%。（2）大多数农户家庭劳动力基本充足，除20.25%的家庭感到劳动力不足外。（3）农户总体受教育程度偏低。劳动力受教育程度分布在小学及以下的占25.63%，初中水平占34.45%，高中水平占25.63%，在大专以上的仅占14.29%。（4）家庭年收入水平不高。59.23%的家庭集中在1万～5万元之间，仅有31.52%的家庭年收入超过5万元（表3-1）。

从家庭主要收入来源、林地面积和林业占总收入比三项统计数据（表3-2）可以看出，林业收入不是林农家庭的主要收入来源，林地面积较少，难以规模经营。除尤溪县作为木材生产大县林业收入占林农家庭总收入比重超过50%外，总体上林业收入在林农的家庭主要收入来源中所占的比

调研地农户基本情况　　　　　　　　　　　　　　表3-1

项目	家庭人口年龄分布	劳动力满足程度	劳动力受教育程度	家庭年均总收入
基本特征	<18: 19.34%; 18～40: 41.97%; 40～60: 16.06%; >60: 22.63%	富裕: 4.59%; 基本满足: 75.16%; 不足: 20.25%	小学及以下: 25.63%; 初中: 34.45%; 高中: 25.63%; 大专以上: 14.29%	<1万元: 9.25%; 1万～5万元: 59.23%; >5万元: 31.52%

调研地农户家庭主要收入来源、林地面积和林业占总收入情况　　表3-2

项目		浙江临安	福建清流	福建尤溪	项目分类占比
家庭主要收入来源所占比例	农业	12.70%	54.80%	9.09%	30.40%
	林业	26.80%	18%	52.27%	26.46%
	牧副渔	1.40%	13.80%	2.27%	6.88%
	外出打工	36.60%	7.40%	9.09%	20.25%
	其他	22.50%	6%	27.28%	16.01%
	小计	100.00%	100.00%	100.00%	100.00%
林业占总收入比	≤10%	34.40%	75%	27.27%	50.89%
	11%～30%	40.00%	8.80%	9.09%	22.36%
	31%～50%	12.80%	10.30%	27.27%	13.71%
	>50%	12.80%	5.90%	36.37%	13.04%
	小计	100.00%	100.00%	100.00%	100.00%
林地面积（亩）	<100	95.08%	63.57%	25%	71.91%
	100～500	2.46%	32.86%	54.55%	22.84%
	>500	2.46%	3.57%	20.45%	5.25%
	小计	100.00%	100.00%	100.00%	100.00%

例不是非常高,平均仅占总收入的 26.46%,说明林业收入未能成为林农家庭的主要收入来源。另外,大多数林农林地拥有量低,拥有林地面积小于 100 亩的林农高达 71.91%。产生这种现象的主要原因是林业投资的风险较高、投资回收期较长、林业投资资金不易获取等。

2. 农户贷款需求旺盛,林权抵押贷款比例有待提升

农户融资需求旺盛,并希望通过正规金融机构获取融资的需求。在调查样本中,有 69.16% 的农户在近三年有过贷款,剩余 30.84% 的农户,多数是由于家庭经济能力充裕或贷款手续烦琐的原因,不向银行贷款。浙江临安、福建清流、福建尤溪三地农户近三年是否有过借款需求的具体调查结果如图 3-1 所示。

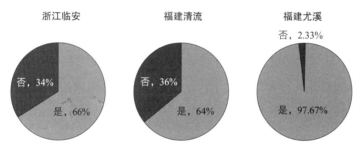

图 3-1 农户近三年是否有借款需求的调查情况

从融资渠道看,被调查农户的融资渠道主要有三类,即农村信用社、私人高利贷和亲戚朋友。从融资方式看(以福建尤溪为例),主要包括五类,即小额信用贷款、林农联保贷款、小额林权抵押贷款、小额贴息贷款和小额林权抵押担保贷款。从调查结果可以看出,小额林权抵押贷款是目前林农从农村信用社融资的主要方式,占总贷款比例的 39.22%,其次是小额贴息贷款,占总贷款比例的 31.37%,林农联保贷款占总贷款比例的 22%,而小额信用贷款和小额林权抵押担保贷款分别仅约占总贷款比例的 3.92%,如图 3-2 所示。虽然林农的融资需求较高,但融资渠道狭窄。林权抵押贷款作为一种新型的融资工具,丰富了农村金融产品市场,受到林农的青睐,未来具有发展空间。

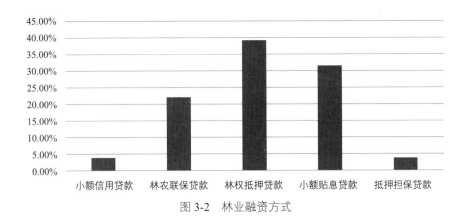

图 3-2 林业融资方式

3. 贷款手续繁杂、贷款期限结构不合理、利率过高导致林农贷款积极性不高

尽管上文分析显示林农对林权抵押贷款有很大的需求，但是仍然存在很多因素导致林农减少甚至不申请贷款。根据问卷结果可以发现，从总体上看大部分林农没有向银行或农村信用社申请贷款的原因主要包括以下几种：手续繁杂、缺乏抵押担保、贷款期限太死、贷款费用高。其中，手续繁杂和贷款费用高在各项原因中占比较大。林农希望银行及农村信用社在以下方面进行改进：包括增加信贷品种、简化贷款手续、延长贷款期限、提高贷款额度、放宽贷款条件、降低贷款利率，少数农户还希望银行能够提供理财服务及其他服务，如图 3-3 所示。

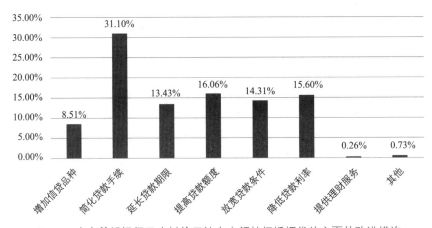

图 3-3 农户希望银行及农村信用社在小额林权抵押贷款方面的改进措施

林农减少贷款的一个主要原因是贷款费用过高,贷款费用主要包括利息费用和资产评估收费。从信贷服务情况来看,贷款利率主要集中在6%~10%之间,福建尤溪部分业务的贷款利率超过10%,超过政策所规定的基准利率的1.3倍(1.3×6.31%=8.2%)。浙江临安和福建清流分别有21.8%和14.3%的林农要求降低贷款利率。目前贷款利率仍较高,这就加重了贷款林农的还款压力。另外在资产评估业务中,多数农户认为资产评估收费较高,且可信度一般,相对于森林资源调查机构和林业院校专业教师,林农更倾向于信任专业资产评估机构。

在贷款期限方面,林农贷款期限不超过5年,其中,较少比例林农贷款期限在1年以内,95.45%的林农户借款期限为1~3年。林农贷款主要用于购买生产资料、扩大经营规模、抵御自然灾害、教育支出和日常生活消费,其中扩大经营规模和购买生产资料属于林业生产投资用途。说明目前我国林农愿意将贷款用于林业生产,但林农小额林权证抵押贷款费用高、期限短、无循环贷款的融资方式,与林业生产周期长的特点不相适应,不利于林农进行林业生产和经营的可持续发展。

4. 林农愿意购买森林保险,获取政府补贴

在森林保险业务中,有60.37%的农户选择参保。在现有保险条款下,多数农户期望保障水平能达到70%~90%,认为每亩保额在0.5~1元之间是较为合适且可接受的,希望政府给予的补贴比例为51%~80%,在保额设立方面,38%的林农认为森林保险额应为保价值,14%的林农认为森林保险额应为300元保播种,39%的林农选择500元保成林(表3-3)。

农户参与森林保险意愿的调查情况　　　　　　　　　　　表3-3

项目	是否购买了森林保险	在现有保险条款下,期望的保障水平	每亩保险费多少合适	希望政府给予森林保险的补贴比例是多少	森林保险每亩的保额设立多少比较合适
基本特征	是:60.37%; 否:39.63%	<50%:15%; 51%~70%:13%; 71%~90%:46%; ≥90%:26%	≤0.5元:26%; 0.5~1元:39%; 1~1.5元:17%; 1.5~2元:8%; ≥2元:10%	<30%:2%; 31%~50%:23%; 51%~80%:45%; 全额补贴:30%	300元保播种:14%; 400元保成活:5%; 500元保成林:39%; 保价值:38%; 其他:4%

5. 农户愿意进行森林资源评估，但应提高评估可信度

在森林资源资产评估调查中（表3-4），有71.43%的农户自愿对森林资源资产进行评估。在现有资产评估体系下，仅15%的农户认为评估结果非常可信且非常具有利用价值，57.50%的农户认为评估结果的可信度一般，但具有一定的参考作用，有27.5%的农户认为评估结果不可信。在资产评估收费方面，有一半的农户认为现在的收费适中，29.17%的农户认为收费较高，20.83%的农户认为收费偏低。在评估机构选择上，63.33%的农户更信任森林资源调查机构，原因多为该机构专业性较强，30%的农户比较信任专业的资产评估机构，仅有6.67%的农户选择信任林业院校专业教师。

农户参加森林资源资产评估意愿的调查情况　　　　　　表3-4

问卷题目	认知结果		
1. 如果国家没有强制规定，是否会进行森林资源资产评估	A. 是 71.43%	B. 否 28.57%	C. 不一定
2. 资产评估结果的可信度	A. 非常可信 15%	B. 可信度一般 57.5%	C. 不可信 27.5%
3. 资产评估结果的可利用性	A. 非常有用 15%	B. 参考作用 57.5%	C. 没有用 27.5%
4. 现在的资产评估收费	A. 偏低 20.83%	B. 适中 50%	C. 较高 29.17%
5. 何种类型机构评估结果最可信	A. 专业的资产评估机构 30%	B. 森林资源调查机构 63.33%	C. 林业院校专业教师 6.67%
6. 上题选择的理由	A. 职业道德好 3.23%	B. 专业性强 93.55%	C. 其他 3.22%

3.2　小额林权贴息抵押贷款样本农户的特征分析

小额林权贴息抵押贷款的调研地主要是尤溪县，调研方式是采用一对一的农户走访方式。调查对象是获取小额林权贴息抵押贷款的农户。发放调查问卷44份，收回有效问卷44份。

1. 基本情况

关于小额林权贴息抵押贷款问卷中的基本情况，其调查内容包括：生

产劳动力满足程度、家庭主要收入来源、家庭年均总收入、林业占总收入比、是否参加订单林业、是否参加企业合作造林、是否参加林业合作组织、是否编制森林经营方案、最希望获取何种金融服务、何种金融服务得不到满足。根据各项各地汇总数据，可以看出小额林权贴息抵押贷款的样本农户家庭基本情况具有以下特征：（1）大多数农户家庭能够基本满足生产劳动力需求，仅11%的家庭生产劳动力不足。（2）70%以上的家庭年均总收入水平在5万元以上，且林业收入是重要的家庭收入来源，其中，36.36%的农户家庭林业收入占总收入的50%以上。（3）在被调查的农户中，大部分农户没有参加订单林业、企业合作造林和林业合作组织，也没有编制森林经营方案。（4）89.36%的农户最希望得到信贷服务，而目前信贷服务不能满足绝大多数农户的需求（表3-5）。

小额林权贴息抵押贷款农户基本情况　　　　表3-5

项目	农户意愿				
1.生产劳动力满足程度	A.富裕 2%	B.基本满足 87%	C.不足 11%		
2.家庭主要收入来源	A.农业 9.09%	B.林业 52.27%	C.牧副渔 2.27%	D.外出打工 9.09%	E.其他 27.27%
3.家庭年均总收入	A.1万元以下 11.36%	B.1万~5万元 15.91%	C.5万元以上 72.73%		
4.林业占总收入比	A.10%以下 27.27%	B.10%~30% 9.09%	C.30%~50% 27.27%	D.50%以上 36.36%	
5.是否参加订单林业	A.是 20.45%	B.否 79.55%			
6.是否参加企业合作造林	A.是 18.18%	B.否 81.82%			
7.是否参加林业合作组织	A.是 11.36%	B.否 88.64%			
8.是否编制森林经营方案	A.是 29.55%	B.否 70.45%			
9.最希望获取的金融服务	A.存款 4.26%	B.信贷 89.36%	C.保险 6.38%		
10.何种金融业务不满足	A.存款 0.00%	B.信贷 92.31%	C.保险 2.56%	D.理财 5.13%	

2. 生产经营情况

从调研地农户的林业生产经营情况来看,小额林权贴息抵押贷款用途主要用于林业生产,其特征表现为:(1)农户愿意将贷款资金用于林业生产。集体林权改革后,97.73%的农户愿意增加林业生产性投资,而2.27%的农户不愿意增加林业生产性投资的原因主要是资金不足,此外还有林业收益低、经营周期长和风险大等原因。(2)初步建立了林权交易平台,但林业社会化服务供给不足。多数地区拥有林地、林木等转让渠道和平台,为林地、林木的转让提供了便利,但尚有部分农户对此了解不足。同时企业也为农户林业生产提供了支付预付款、采伐设计、技术指导、设备服务及贷款担保等支持和服务,其中,提供采伐设计、技术指导和设备服务占到了总体的42.86%,在与企业交易过程中,88.64%的农户认为缺乏贷款融资信息,需要林业主管部门或其他政府部门等机构作为中间人帮助农户贷款融资;而在有中间人作用的少数交易中,有40%的农户选择了林业主管部门,20%的农户选择了当地政府;高达88.64%的农户没有接受过林业社会化组织的服务(表3-6)。

小额林权贴息抵押贷款农户生产经营情况 表3-6

项目	农户意愿				
1. 集体林权改革后,农户是否愿意增加林业生产性投资	A. 是 97.73%	B. 否 2.27%			
2. 不愿意增加林业生产性投资的主要原因	A. 资金不足 50.00%	B. 林业收益低 20.00%	C. 风险大 10.00%	D. 经营周期长 20.00%	
3. 林地、林木等转让、变现过程中是否便利	A. 是 89.74%	B. 否 10.26%			
4. 当地是否有林地、林木等转让渠道和平台	A. 是 65.11%	B. 否 11.63%	C. 不了解 23.26%		
5. 企业提供了哪些支持和服务	A. 赊销林苗、化肥或农药 0.00%	B. 支付预付款 28.56%	C. 提供采伐设计、技术指导和设备服务 42.86%	D. 为林农提供贷款担保 14.29%	E. 其他 14.29%
6. 与企业交易过程是否有中间人	有 11.36%	没有 88.64%			
7. 有哪些主体为双方提供相关交易信息	A. 当地政府 20.00%	B. 林业主管部门 40.00%	C. 林业合作经济组织 0.00%	D. 其他 40.00%	
8. 是否接受过林业社会化组织的服务	是 11.36%	否 88.64%			

3. 信贷服务情况

在调研地农户信贷服务情况的调查中（表3-7），小额林权贴息抵押贷款的特征表现为：

小额林权贴息抵押贷款农户信贷服务情况　　　　　　　　　　　　　表3-7

项目	农户意愿		
1. 家庭收入是否能够满足日常生产、生活和投资	A. 是（54.5%）	B. 否（45.5%）	
2. 近三年家庭是否有借款需求	A. 是（97.67%）	B. 否（2.33%）	
3. 家庭借款主要用途	A. 购买生产资料（38.24%） C. 抵御自然灾害（1.47%） E. 日常生活消费（4.41%）	B. 扩大经营规模（51.47%） D. 教育支出（4.41%）	
4. 借款期限	A. 6-12个月（2.28%）	B. 1-3年（95.45%）	C. 3-5年（2.27%）
5. 经常借款数量	A. 5000元以下（18.30%） C. 10001-5万元（28.80%）	B. 5001-1万元（47.10%） D. 50000元以上（5.80%）	
6. 借贷来源渠道（优先次序选）	A. 银行或信用社（76.36%）	B. 亲戚朋友（14.55%）	C. 私人高利贷（9.09%）
7. 近三年是否向银行或农村信用社申请过贷款	A. 是（97.22%）	B. 否（2.78%）	
8. 家庭所获贷款种类	A. 小额信用贷款（3.705%） C. 林权抵押贷款（39.22%） E. 抵押担保贷款（3.705%）	B. 林农联保贷款（22%） D. 小额贴息贷款（31.37%）	
9. 贷款到期后是否拖欠	A. 是（2.3%）	B. 否（97.7%）	
10. 从银行或信用社得到贷款最重要的因素（重要性排序）	A. 家庭还款能力（25.7%） C. 个人信用（31.93%） E. 找有经济能力的人担保（7.56%）	B. 项目收益水平（4%） D. 有抵押担保（28.57%） F. 组成联保小组（2.40%）	
11. 银行或信用社是否对农户家庭进行信用评级并授予信用额度	A. 是（83.7%）	B. 否（16.3%）	
12. 农户希望银行及农村信用社改进	A. 增加信贷品种（5.10%） C. 延长贷款期限（23.47%） E. 放宽贷款条件（14.88%）	B. 简化贷款手续（29%） D. 提高贷款额（27.55%）	
13. 向私人借贷利率	A. 10%以下（11.63%） C. 20%~40%（4.65%）	B. 10%~20%（81.4%） D. 40%以上（2.32%）	

（1）贷款需求不能得到有效满足。有45.5%的农户家庭收入不能满足日常生产、生活和投资需要，高达97.67%的受访农户在近三年有过借款需求，主要借款用途是扩大经营规模、购买生产资料等。（2）贷款期限较短，数额不高，贷款渠道多且主要来自于正规金融机构。借款期限多为1~3年，数额主要集中在5000~1万元；就借款渠道来看，76.36%的借款来自银行或信用社，14.55%来自亲戚朋友，另有9.09%来自私人高利贷，而接受的私人借贷年利率多为10%~20%，远远高于银行贷款利率。而在所有农户中，有97.22%近三年向银行或农村信用社申请过贷款，获得的林业贷款种类多为林权抵押贷款和林农联保贷款，其他贷款形式还包括小额信用贷款、小额贴息贷款和抵押担保贷款。（3）金融机构建立了信用评级制度。有83.7%的农户接受过银行或信用社的信用评级和信用额度。贷款申请过程中，31.93%的农户认为个人信用最为重要，还有一些农户认为家庭还款能力和有抵押担保较为重要；此外，农户希望银行及信用社能够简化贷款手续、延长贷款期限、提高贷款额度、放宽贷款条件、增加信贷品种。

3.3 小额林权担保抵押贷款样本农户的特征分析

小额林权担保抵押贷款的样本数据主要来源于三部分，即县信用合作社、担保公司和农村合作信用联社。数据涵盖的内容包括贷款期限、贷款用途、贷款利率和贷款额度几方面。各组样本的数据分布情况及样本农户的基本特征分析如下：

1. A信用合作社小额林权担保与抵押贷款特征

2011年6月~2012年7月，A信用合作社发放林权担保与抵押贷款994笔。其中小额林权抵押贷款指在信用合作社直接以农户林权证抵押的贷款，贷款的风险由信用合作社承担；而小额林权担保贷款是农户以林权证抵押到担保公司，再由担保公司出面为农户在信用合作社担保，从而使农户取得贷款。

按照贷款用途分类可以将这组数据分为两部分：林业类贷款和非林业类贷款。下文将从贷款用途、贷款期限和贷款利率分析其基本特征。

（1）贷款主要用于林木抚育培养及经济林产品的种植

贷款用途整体可分为林业类与非林业类贷款。分别从贷款笔数和贷款额度两个角度将贷款用户的数据按贷款用途分类，二者在所有数据中所占的比例如图3-4所示。从贷款笔数来看，有702笔小额林权担保与抵押贷款被用于林业用途，占总体的71%，其余292笔贷款被用于非林业用途，占总体的29%；从贷款额度来看，用于林业用途的小额林权担保与抵押贷款额达51376800元，占总贷款额度的72%。总体来说，农户小额林权担保与抵押贷款主要用于林业类用途。

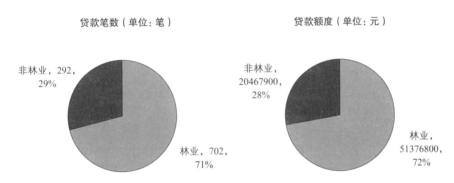

图3-4 信用合作社小额林权担保与抵押贷款的用途

按照林业产业体系可以将林业贷款用途分为三类，分别为林业第一产业、第二产业和第三产业，本组数据中830笔林业类贷款均用于林业第一产业投入，将贷款用途进一步细分可分为如下两类，即，第一产业：林木的培育和种植，具体为造林抚育；第二产业，经济林产品的种植与采集，具体为种植果树、油茶、茶叶、种烟。

不同贷款用途的贷款项目整体分布如下：

由表3-8可以看出，从发放贷款笔数角度，贷款款项用于林木抚育培养和经济林产品种植的比例相当，分别占47.01%和52.99%；从贷款额度角度，贷款金额主要用于林木抚育培养，占总额度的76.29%。总之，从发放贷款笔数和贷款额度综合来看，贷款款项主要投放于林木抚育培养及经济林产品的种植。

A信用合作社小额林权担保与抵押贷款的林业用途　　　表3-8

贷款用途	林木的培育和种植	经济林产品种植与采集	合计
笔数	330	372	702
比例（%）	47.01	52.99	100
贷款额度（万元）	3919.58	1218.1	5137.68
比例（%）	76.29	23.71	100.00

（2）小额林权担保抵押贷款金额低且期限短

本组数据贷款期限的分布情况见表3-9。

A信用合作社小额林权担保与抵押贷款年限分布　　　表3-9

贷款期限	1年	2年	3年	4年	5年	6年	7年	8年	9年	10年
笔数	357	526	22	5	16	24	27	9	5	3
比例（%）	35.92	52.92	2.21	0.50	1.61	2.41	2.72	0.91	0.50	0.30
贷款额度（万元）	1615.06	4970.5	548	3	8.98	14.19	14.81	5.4	2.77	1.76
比例（%）	22.48	69.18	7.63	0.04	0.12	0.20	0.21	0.08	0.04	0.02

由表3-9可知，贷款期限在1～2年的单笔贷款共883笔，占总体的88.84%，贷款额度达到6585.56万元，占总发放贷款额度的91.66%，远远超过总体的一半，说明小额林权担保抵押贷款年限普遍偏低。

其中，林业类贷款的贷款期限主要为有三类：1年、2年和3年，具体分布如下：

A信用合作社小额林权担保与抵押的林业贷款期限　　　表3-10

贷款期限	1年	2年	3年	合计
笔数	300	393	9	702
比例（%）	42.74	55.98	1.28	100
贷款额度（万元）	966.68	3943	228	5137.68
比例（%）	18.82	76.75	4.43	100.00

由表 3-10 可知，林业类贷款年限偏低，最高贷款年限仅为 3 年，且林业类贷款年限比较集中，以 1～2 年居多。

（3）林业贷款浮动利率高于非林业类贷款

本组数据贷款利率的分布情况见表 3-11。

A 信用合作社小额林权担保与抵押贷款利率分布　　　　表 3-11

浮动率	0	0.1	0.14	0.2	0.3	0.44	0.5	0.6	0.62	0.63	0.65	0.68	0.7	0.71	0.74
贷款笔数	89	54	4	4	2	1	1	2	243	3	11	3	70	482	25
比例（%）	8.95	5.43	0.40	0.4	0.2	0.10	0.1	0.2	24.45	0.30	1.11	0.3	7.04	48.49	2.52
贷款额度（万元）	50.91	85	9	8	210	5	1.5	40	431.1	60	406.5	75	1980	3651.66	170.8
比例（%）	0.71	1.18	0.13	0.11	2.92	0.07	0.02	0.56	6.00	0.84	5.66	1.04	27.56	50.83	2.38

由表 3-11 可知，贷款浮动率为 0.71 的单笔贷款共 482 笔，贷款浮动率为 0.62 的单笔贷款共 243 笔，分别占总体的比例为 48.49%、24.45%，可见贷款的总体浮动比率较高。

其中，林业类贷款的贷款利率的具体分布如下：

A 信用合作社小额林权担保与抵押林业类贷款利率情况　　　　表 3-12

浮动率	0.1	0.2	0.3	0.5	0.6	0.62	0.63	0.65	0.68	0.7	0.71	0.74	合计
笔数	36	3	2	1	2	233	3	8	3	55	343	13	702
比例（%）	5.13	0.43	0.28	0.14	0.28	33.19	0.43	1.14	0.43	7.83	48.86	1.85	100.00
贷款额度（万元）	60	6	210	1.5	40	418.6	60	366	75	1562	2253.78	84.8	5137.68
比例（%）	1.17	0.12	4.09	0.03	0.78	8.15	1.17	7.12	1.46	30.40	43.87	1.64	100.00

由表 3-12 所示，林业类贷款浮动比率主要集中在 0.71、0.7 和 0.62，分别占总体比例的 48.86%、7.83% 和 33.19%，与非林业贷款相比其浮动利率较高。

2. B 担保公司小额林权担保抵押贷款特征

本组数据涉及 9 个担保公司，213 笔林权担保抵押贷款业务，贷款起始时间为 2008～2012 年。该组样本的贷款用途全部是用于购山场、造林抚育，下文将从贷款额度、贷款期限和贷款用途三方面分析其基本特征。

本组数据贷款额度的分布情况见表 3-13。

B 担保公司小额林权担保抵押贷款额度情况　　　表 3-13

贷款额度	1 万～10 万元	10 万～20 万元	20 万元以上	合计
笔数	21	147	45	213
比例	9.86%	69.01%	21.13%	100.00%
贷款金额（万元）	142	2850	2915	5907
比例	2.40%	48.25%	49.35%	100.00%

由表 3-13 可以看出，贷款额度在 10 万～20 万元的农户个数达到 147 笔，占总体的 69.01%，但是贷款金额总和为 2850 万元，只占到银行发放贷款金额的 48.25%，低于贷款额度超高 20 万元的比例。贷款额度在 1 万～10 万元的农户数仅达到 21 笔，占总体的 9.86%，说明小额的担保抵押贷款在银行发放贷款的整体水平中占比较小，贷款期限短且主要用于购山场和造林抚育。

本组数据贷款期限的分布情况见表 3-14。

B 担保公司小额林权担保抵押贷款期限情况　　　表 3-14

贷款期限	1 年	2 年	合计
笔数	33	180	213
比例	15.49%	84.51%	100.00%
贷款金额（万元）	765	5142	5907
比例	12.95%	87.05%	100.00%

由表 3-14 可以看出，贷款期限多为 2 年的贷款项目，共 180 笔，占贷款发放笔数的 84.51%，远超过半数，但是贷款的期限包含一年期和两

年期两种,林权证抵押贷款的贷款期限较短。贷款用途主要是用于购山场、造林抚育。

3. C农村信用合作联社小额林权担保抵押贷款特征

本组数据是 2012 年 1 ~ 7 月份,县农村信用合作联社发放的 110 笔林权担保抵押贷款业务。下文将从贷款利率、贷款期限和担保金额三方面分析其基本特征。

（1）小额林权担保抵押贷款在林权抵押贷款的比例低

根据担保金额的分布情况,可以看出小额林权担保抵押贷款在林权抵押贷款的比例低。其林权担保抵押贷款主要针对于大客户而言（表 3-15）。

C农村信用合作联社小额林权担保抵押贷款担保金额　　表 3-15

担保金额	1万~10万元	10万~20万元	20万~100万元	100万元以上	合计
笔数	4	32	53	21	110
比例	3.64%	29.09%	48.18%	19.09%	100.00%
贷款金额（万元）	33	585	2735	3120	6473
比例	0.51%	9.04%	42.25%	48.20%	100.00%

担保金额主要集中在 10 万 ~ 20 万元和 20 万 ~ 100 万元,分别占总发放笔数的 29.09% 和 48.18%,1 万 ~ 10 万元的小额贷款仅有 4 笔,发放金额合计 33 万元,仅占到总贷款金额的 0.51%。

（2）小额林权担保抵押贷款利率较高

本组数据贷款利率的分布情况见表 3-16。

C农村信用合作联社小额林权担保抵押贷款利率情况　　表 3-16

贷款年利率	11.31%	11.15%	10.88%	10.64%	合计
笔数	23	71	12	4	110
比例	20.91%	64.55%	10.91%	3.63%	100.00%
贷款金额（万元）	1193	4155	825	300	6473
比例	18.43%	64.19%	12.75%	4.63%	100.00%

贷款利率存在四种情况,分别为贷款年利率11.31%、11.15%、10.88%和10.64%,其中发放的贷款中71笔贷款的贷款年利率为11.15%,占总体的64.55%,其发放总金额也达到4155万元,占总体的64.19%,可以看出,贷款利率相对较高。

(3)小额林权担保抵押贷款期限为2年期,与林业生长周期不相适应。

本组数据贷款期限的分布情况见表3-17。

贷款期限包含1年期和2年期两种,主要为2年的贷款项目,共计107笔,占贷款发放笔数的97.27%,几乎所有的贷款项目期限都为2年期,可见林权证抵押贷款的贷款期限较短,与林业生长周期不相适应。

C农村信用合作联社小额林权担保抵押贷款期限情况　　表3-17

贷款期限	1年	2年	合计
笔数	3	107	110
比例	2.73%	97.27%	100.00%
贷款金额(万元)	105	6368	6473
比例	1.62%	98.38%	100.00%

3.4　本章小结

本章对小额林权贷款的三种形式进行了样本特征分析。第一,小额林权抵押贷款样本的特征表现为:林业收入占农户家庭收入比例较低,林地拥有量低;林农贷款需求旺盛,林权抵押贷款比例有待提高;贷款手续复杂、贷款期限不合理、利率过高导致林农积极性不高;林农愿意购买森林保险和进行森林资源评估,但希望政府补贴,提高评估可靠性。第二,小额林权贴息抵押贷款样本的特征表现为:就家庭基本情况而言,大部分家庭年均总收入在5万元以上,林业收入是重要的家庭收入。89.36%的农户希望得到信贷服务,而目前信贷服务不能满足农户需求。就林业生产经营而言,农户愿意将贷款资金用于林业生产。福建尤溪县已初步建立了林权交易平台,但林业社会化服务供给不足。多数地区拥有林地、林木等转让渠道和平台,为林地、林木转让提供了便利。就金融信贷而言,贷款需求不能得到有效满足。贷款期限较短，渠道主要来自正规金融机构。金融机构已建立信用评级制度。希望银行及信用社能够简化贷款手续、延长贷款期限、提高贷款额度、放宽贷款条件、增加信贷品种。第三，小额林权担保抵押贷款样本特征表现为：小额林权担保抵押贷款占林权抵押贷款比例低；贷款主要用于林木抚育培养及经济林产品种植；小额林权担保抵押贷款金额低期限短；林业贷款浮动利率高于非林业类贷款；小额林权担保抵押贷款期限与林业生长周期不相适应。

第 4 章
农户小额林权抵押贷款的影响因素与回归分析

4.1 基本理论与相关综述

1. 融资理论

目前学术界对融资的定义有以下两种观点：

(1)将融资定义为企业融资，指的是以企业为主体融通资金，使企业及其内部各环节之间资金供求由不平衡到平衡的运动过程。当资金短缺时，以最小的代价筹措到适当期限、适当额度的资金；当资金盈余时，以最低的风险、适当的期限投放出去，以取得最大的收益，从而实现资金供求的平衡[58]。

(2)将融资定义为经济主体筹集资金的过程。是指资金在持有者之间的流动，包括资金的融入以及资金的融出，或者说是资金的来源以及资金的运用，这是一种通过余额补充缺口的经济行为，是一种资金双向互动的过程[59,60]。

可见，融资是通过信用交换形式吸收资金、集中资金和分配使用资金的经济活动，是资金市场的主要内容。农户小额林权抵押贷款作为林业融资的重要方式之一，对林业发展有重要作用。从理论上看，现代企业融资理论发端于美国学者莫迪利亚尼和米勒（Modigliani and Miller）在《美国经济评论》上发表的著名论文《资本成本、公司财务与投资理论》中得出的 MM 理论。该理论提出：在完善的市场中，企业资本结构与企业的市场价值无关，或者说，企业选择怎样的融资方式均不会影响企业市场价值[61]。MM 理论受到实践挑战之后进行了修正，得出的结论是：负债杠杆对企业价值和融资成本确有影响，如果企业负债率达到 100% 时，则企业价值就会最大，而融资成本最小。

从融资结构角度，基于 MM 修正理论，学者提出了平衡理论，核心是提出了"在负债的税收收益与破产成本现值之间进行平衡"的最佳融资结构[62]。早期平衡理论认为市场的不完美（如税收和破产制度）会妨碍 MM 理论所说的套利过程的进行[63]，在此基础上，学者们把成本和利益所包含的内容进行了拓展，负债的成本从破产成本进一步扩展到代理成本、财务困境成本和非负债税收利益损失等方面,又将税收收益从原来所单纯讨论的负债税收收益引申到非负债税收收益方面,把企业融资结构看成在税收收益与各类负债相关成本之间的平衡[64]。

从融资次序的角度,Myers 提出融资次序理论(POH)[65],即企业融资选择总是先内源、后外源,在外源当中,又总是先债务、后权益,而根本原因则为信息不对称,但如果风险资本家比企业主掌握更准确的信息,正常的融资次序(先外源债务融资,再外源权益融资)就可能反过来[66]。就中小企业而言,融资次序可能以一种"被截断的形式"(truncated form)存在,即在任何供给条件下小企业都拒绝考虑某些特定类型的融资方[67]。

2. 制度变迁理论

制度变迁理论(Institution Change Theory)[68]由美国经济学家道格拉斯·C·诺思(Douglass C. North)提出,旨在从"制度安排"的角度解释经济增长,分别从四个角度阐述如何推动制度变迁,包括产权理论、国家理论、意识形态理论和"路径依赖"问题[68, 69]。所谓制度变迁就是指新制度(或新制度结构)产生、替代或改变旧制度的动态过程,它产生的原因是制度非均衡[70]。作为替代过程,制度变迁是一种效率更高的制度替代原制度;作为转换过程,制度变迁是一种更有效率的制度的生产过程;作为交换过程,制度变迁是制度的交易过程。一般而言,制度变迁的途径有两条:一是个人和利益集团在市场经济趋利原则下自发倡导、组织、演变形成的渐进式制度创新,表现为一种社会公约;另一条是由国家政府运用政府命令和政策、法律等渠道强制性实施的激进式制度变革,表现为国家制度改革。

农户小额林权抵押贷款政策的变迁可以激励各种资金流入林业,促进林业的集约化以及林业产业的发展,从而实现林区经济的可持续发展。

3. 外部性理论

外部性理论是在 20 世纪 20 年代形成的,缘起于马歇尔提出的"外部经济"概念[71]，庇古在此基础上以现代经济学的方法，从福利经济学的角度系统研究了外部性问题，形成了"外部性理论"[72]。所谓外部性是指一个经济主体（生产者或消费者）在自己活动中对旁观者的福利产生了一种有利影响或不利影响，这种有利影响带来的利益（收益）或不利影响带来的损失（成本），都不是生产者或消费者本人所获得或承担的，是一种经济力量对另一种经济力量"非市场性"的附带影响。

外部性主要包括以下四层含义：

（1）它是未加偿付的社会成本（或收益）与私人成本（或收益），所以在一项经济活动中，私人成本（或收益）与社会成本（或收益）不相等。

（2）相对于市场体系而言，外部性是指被排除在市场机制之外经济活动所产生的副产品或副作用，不是由市场买卖直接形成的。

（3）外部性存在于不同当事人相互影响的经济活动中，这些当事人包括个人、企业、团体、政府。部分利益相关者被排斥在决策过程之外，却被迫承担该决策产生的后果。因此，缺乏参与、合作与共同决策，这是外部性问题产生的根源之一。

（4）外部性分为外部经济（或正外部性）和外部不经济（或负外部性）。外部经济就是某些经济活动对他人的福利有利，反之，外部不经济就是某些经济活动对他人的福利有害。

解决外部性需要政府干预，通过征税与补贴、明确产权、企业合并等手段来有效减轻外部性带来的影响。林业是经济效益、社会效益和生态效益的结合体，林业的经济效益可以用木材采伐后的价值来衡量，而林业的生态效益和社会效益却无法衡量，林业在改善生态环境中发挥着重要作用却无法获得相应的补偿。所以森林具有正外部性，需要政府干预解决[73-76]。政府在政策制定与制度创新方面具有组织优势，需要政府积极规范和完善农户小额林权抵押贷款政策，以促进林业的进一步发展。

4. 现代产权理论

德姆塞茨在《关于产权的理论》中指出"产权的所有者拥有他的同时，同意他人以特定的方式行使权利。产权包括一个人或其他人受益或受损的权利"[77]。可见产权是收益权和控制权相结合的主体。现实中，市场经济往往存在"外部性问题"，现代产权理论认为外部性的产生是由于社会成本大于私人成本，从而导致了社会福利的损失，而将外部性问题内部化的两个必要条件是产权明晰和内部化效益大于成本，产权作为一种资源载体，通过法律强制实施，可使资源所有者受到一定的保护，而主体的资源归属清晰，可对其资产行使相应的权利并承担一定责任，所受的法律保护也可以自行流转[78]。结合中国实际，张五常（Cheung Steven N. S）主要以产权、交易费用理论研究农业土改、中国的承包合约以及1981年以后的经济制度转变。一个经济制度只有减少交易费用，才能显著提高经济效率，即交易费用为正的情况下，不同的产权界定会产生不同的资源配置效率，但产权的界定本身也是有成本的，它需要人与人之间的谈判甚至争论，当界定产权的费用高于带来的利益时，人们需要建立产权制度[79]。因此，在市场运行过程中，清晰的产权界定、完善的产权保护和顺畅的产权交易是高效率经济活动的制度基础，也是资源合理配置利用的重要保障。

我国土地属于国家和集体所有，不得进行买卖交易，可用于抵押的林权就是指森林、林木的所有权和林地的使用权，所以林权抵押贷款制度的实施必须以林权的清晰界定为前提，而现代产权制度也为进一步研究发展农户林权抵押问题提供了理论基础。

5. 农户行为理论

所谓农户行为是指农户在特定的社会经济环境中，为了实现自身的经济利益而对外部经济信号作出的反应[80]。经济学理论最基本的假设是"理性人"假设。基于"理性人"这一假设，后又提出"效用最大化原则"和"利润最大化原则"。随着经济发展，经济学家将"理性人"假设应用于不同行为主体的研究，其中，农户理论与行为经济学的组合研究逐步形成了农户行为理论，从微观农户的角度解释和研究农村经济社会发展问题[81]。

对农户的融资行为研究主要基于农户行为"经济理性逻辑"理论，即农户的借贷决策是在给定生产机会条件下收益最大化的选择[82]。但我国农户既是独立生产单位，又是基本消费单元，生产和消费的紧密结合时期融资行为具有特殊性[83]，显著表现在资金需求的非生产性特点突出，生活消费性融资压缩和挤占了生产经营性融资[84]。

通过分析农户的融资行为，其融资方式一方面是在家庭农业收入不足以维持生存时，采取经商、打工等方式挣取非农收入，这种融资方式被称作"内源性融资"；另一方面就是借贷，被称作"外源性融资"。而当农户家庭维持生活费用大于家庭农业收入与非农收入总和时，必然会产生借贷需求，确切来说是生活性借贷需求。所以可以看出，农户在家庭农业收入不足维持家庭周转时，最初的反应通常并不是立即谋求借贷，而是首先选择谋求非农收入，亦即进行"内源性融资"。当非农收入不能满足或者不能获得时，农户才会选择借贷。但并不是只有维持生活费用大于家庭农业收入与非农收入总和时才会产生借贷需求，例如当农户有着强烈的投资需求时，此时投资费用加上维持生活费用大于家庭农业收入与非农收入总和，在这种情况下，农户必然也会产生生产性借贷需求。

6. 交易费用理论

1937年，著名经济学家罗纳德·科斯在《企业的性质》一文中首次提出"交易费用"，科斯认为在签订和履行合约的过程中产生的交易费用包括谈判费用、协商价格费用、合约订立费用、事后监督费用等多项费用；市场交易和企业交易都需要一定的交易费用，而企业交易费用低于市场交易费用，会导致企业替代市场[85]。威廉姆森在科斯交易费用理论的基础上提出，交易费用是一种无法避免的机会成本，不计交易费用的经济活动不合理。市场交易费用的影响因素分为交易因素和人为因素，认为市场潜在的不确定性、未知交易对象的数量以及机会主义行为都会在某种程度上增加市场交易费用。同时，根据发生时间将交易费用分为事前费用和事后费用，事前交易费用是在信息不对称和产权不明晰的情况下事先明确交易双方责、权、利所付出的代价，事后交易费用是在签订合约后改变条款或退出合约所付出的代价[86]。

在实际的林权抵押贷款中，由于林业的自然属性以及农户与金融机构、林业部门三者间的信息不对称，使得林权抵押贷款的交易成本较高，包括搜集农户信息的成本、森林资源评估的成本、贷款合同协商的成本、监督检查抵押物的成本、金融机构风险管理成本及可能发生的处置抵押物成本等交易费用。

对于农户林权抵押贷款需求及其影响因素的研究主要集中在近两年，大多是根据局部调研地区的问卷数据，采用 Logistic、Probit 等二元选择模型进行计量分析。例如，乔月、郎郑欣、赵静以福建省三明市 484 户林农为对象进行采样，并运用 Logistic 回归模型分析得出，林农受教育水平和年开支总额对其贷款意愿有正的显著影响，而林农年龄、主要劳动力个数、年收入总额对其贷款意愿有负的显著影响[87]；石道金、许宇鹏、高鑫运用 Probit 模型对调研的浙江省丽水市 591 户林农数据进行分析，得出林农拥有的林地面积和政府贴息优惠对其贷款意愿有正显著影响[88]；是否限制贷款资金用途对其贷款意愿有负显著影响。王磊、蒲玥成、苏婷等对四川省沐川县、大邑县、南部县进行实地调查，并运用二元 Logistic 模型对影响农户林权抵押贷款潜在需求的因素进行统计分析，结果表明：林权抵押贷款存在农户林权抵押贷款潜在需求低、融资成本高等问题；户主的文化水平、对林权抵押贷款了解情况、家庭总收入、林地面积、林区交通情况对于林农林权抵押贷款潜在需求有着显著影响[89]。同时，学者们对这部分的研究结论主要包括五类：林农个人情况、林农家庭情况、林农经济情况、林业经营特点和相关政府和金融机构服务情况，具体包括年龄、家庭年收入总额、承包林地分布、拥有林地的总面积、林地资金投入、林农受教育程度、林权抵押贷款的宣传力度、林区交通是否便利等。

4.2 指标选择与相关性分析

在选取指标时，本书遵循了科学性、系统性、可操作性、决策性、代表性和独立性的原则，力求较全面、真实、完善地反映出影响农户小额林权抵押贷款需求的状况。因此，本书以北京林业大学项目组对陕西富县和西乡县、浙江临安、福建清流县和尤溪县调研获取的农户数据为基础，同时，为了保持数据的有效性，本书根据以上原则确立了 8 个指标，即年龄、受教育程度、家庭主要收入来源、贷款期限、贷款额度、贷款用途、是否参加了森林保险、是否参加了资产评估，并将这 8 个指标分为林农个人基本情况、信贷服务情况、森林保险和资产评估情况 3 类。

将选取的 8 个指标与贷款需求进行相关性分析，得到结果如下：

指标与贷款需求的相关性分析　　　　　　　　　　　　　　　　表 4-1

近三年是否有过贷款	年龄	受教育程度	家庭主要收入来源	贷款期限	贷款额度	贷款用途	是否参加了森林保险	是否参加了资产评估
Correlation Coefficient　1.000	-0.815	-0.798	-0.784	-0.868	-0.752	-0.746	0.969	0.787
Sig.　0.000	0.000	0.000	0.000	0.000	0.000	0.000	0.000	0.000
N　367	367	367	367	367	367	367	367	367

从表 4-1 可知，各指标得到的相关系数的绝对值均 ≥ 0.7，属于高度相关。据此，本研究确定了这 8 个指标。

4.3　描述性统计分析

本研究对各变量定义说明和描述性统计分析见表 4-2

变量定义及说明表　　　　　　　　　　　　　　　　　　　　表 4-2

变量名	变量定义	均值	标准差	最大值	最小值	预期影响
近三年是否有过贷款	是 =1；否 =0	0.61	0.488	1	0	—
年龄	18 岁以下 =1；18 ~ 40 岁（含 18 岁）=2；40 ~ 60 岁（含 40 岁）=3；60 岁及以上 =4	2.42	1.042	4	1	—
受教育程度	小学及以下 =1；初中 =2；高中 =3；大专及以上 =4	2.29	1.005	4	1	+
家庭主要收入来源	农业 =1；林业 =2；牧副渔 =3；外出打工 =4；其他 =5	2.65	1.487	5	1	—
贷款期限	<6 个月 =1；6 ~ 12 个月（含 6 个月）=2；1 ~ 3 年（含 1 年）=3；3 ~ 5 年（含 3 年）=4	2.41	0.637	4	1	+
贷款额度	<5000 元 =1；5000 ~ 1 万元（含 5000 元）=2；1 万 ~ 5 万元（含 1 万元）=3；≥ 5 万元 =4	2.59	0.945	4	1	+
贷款用途	购买生产资料 =1；扩大经营规模 =2；抵御自然灾害 =3；教育支出 =4；日常生活消费 =5；医疗费用支出 =6；投资理财 =7；其他 =8	2.81	1.860	8	1	+
是否参加了森林保险	是 =1；否 =0	0.60	0.490	1	0	+
是否参加了资产评估	是 =1；否 =0	0.72	0.451	1	0	+

注："+"表示自变量与因变量成正相关关系，"－"表示自变量与因变量成负相关关系。

1. 林农个人基本情况

调研中男女分别占57%和43%，年龄集中在18～40岁，受教育程度多为初中。家庭年均总收入有59.23%在1万～5万元之间，收入来源主要为农业和林业收入，分别占家庭年均总收入的30.4%和26.46%。同时，71.91%的被调查林农家庭林地面积小于6.67公顷（100亩），可见，林农的生产活动是以小规模经营为主。

2. 信贷服务情况

在调查中，有66%的林农家庭收入不能满足生产、生活和投资的需要，其中，有60.9%的林农在近3年有过贷款。在贷款业务办理中，一半以上的林农选择申请办理的贷款额度为5000～10000元，53%的林农申请期限为6～12个月，贷款利率多为3%～6%。同时，林农多将贷款用于购买生产资料和扩大经营规模，分别占到贷款用途的38.24%和51.47%，其他用途还包括抵御自然灾害、教育支出和日常生活消费等。

3. 森林保险和资产评估情况

现行政策要求办理小额林权抵押贷款业务必须首先经过森林资源资产评估，并出具相关评估报告，其评估结果如何将直接影响着小额林权抵押贷款能否成功以及额度的多少（银监发〔2013〕32号）。同时鼓励抵押人对抵押财产办理森林保险，以提高森林资源的变现能力，降低银行等金融机构办理小额林权抵押贷款业务的风险。在调研中发现，有56%的林农参加了森林保险，有72%的林农参加了森林资产评估。

4.4 回归模型的建立与分析

本书中被解释变量为农户对小额林权抵押贷款的潜在需求，这是一个二元选择问题，只有有需求和没有需求两种情况，所以被解释变量是一个取值为 0 和 1 的二元离散变量。以 Y 表示因变量，则 $Y=0$ 表示农户对小额林权抵押贷款没有潜在需求，$Y=1$ 表示农户对小额林权抵押贷款具有潜在需求。根据选取的研究对象和数据基础，运用 SPSS13.0 统计软件建立多元线性回归模型进行分析。模型如下：

$$Y = \beta_0 + \beta_1 X_1 + \beta_2 X_2 + \cdots + \beta_i X_i$$

其中，Y 为农户近三年是否有过贷款，β_0 为常数项；X_i 为解释变量；β_i 为各解释变量的回归系数。

具体来看，X_i 表示影响小额林权抵押贷款需求的解释变量，包括年龄（X_1）、受教育程度（X_2）、家庭收入主要来源（X_3）、贷款期限（X_4）、贷款额度（X_5）、贷款用途（X_6）、是否参加了森林保险（X_7）、是否参加了资产评估（X_8）。

运用 SPSS13.0 统计软件建立的多元回归模型的回归结果如下，模型的 R 值为 0.980，说明模型总体的拟合优度较高。

多元回归模型结果表　　　　　　　　　　表 4-3

Model		Unstandardized Coefficients		Standardized Coefficients	t	Sig.
		B	Std. Error	Beta		
1	（Constant）	0.108	0.042		2.571	0.011
	年龄	−0.065	0.013	−0.139	−4.898	0.000
	受教育程度	0.059	0.015	0.121	3.953	0.000
	家庭主要收入来源	−0.038	0.011	−0.117	−3.358	0.001
	贷款期限	0.004	0.013	0.006	0.339	0.735
	贷款额度	0.032	0.011	0.062	2.957	0.003
	贷款用途	−0.005	0.007	−0.017	−0.667	0.505
	是否参加了森林保险	0.903	0.021	0.905	42.052	0.000
	是否参加了资产评估	0.000	0.020	0.000	0.014	0.989

4.5 结果分析

根据模型得出的回归方程为：

$$Y = 0.108 - 0.065X_1 + 0.059X_2 - 0.038X_3 + 0.032X_5 + 0.903X_7$$

针对回归结果详细分析表明：

（1）林农的年龄、受教育程度和家庭主要收入来源对林农小额林权抵押贷款需求有显著性影响。具体来看，林农年龄越大、受教育程度越高、家庭主要收入来源越多，对小额林权抵押贷款的需求程度越低。

（2）林农贷款额度对小额林权抵押贷款的需求有正向作用，即贷款额度越大，表明需求程度更高。但是，小额林权抵押贷款的期限较短，多为1年以下，不能满足林业生产周期长的特点，而政府对于贷款用途的规定也较为严格，因此，贷款期限和贷款用途对贷款需求没有显著影响。

（3）林农是否参加了森林保险对小额林权抵押贷款需求有正向作用，即投保的林农对于小额林权抵押贷款的需求较高，说明森林保险业务有利于小额林权抵押贷款业务的开展；而现行的制度规定小额林权抵押贷款必须首先经过森林资源资产评估。这种刚性规定使得林农是否参加了资产评估对小额林权抵押贷款需求没有显著影响。

从回归系数的绝对值来看，林农小额林权抵押贷款需求与是否参加了森林保险的关系最密切，相对来讲，与贷款额度的密切程度最小。并且，林农整体年龄每降低6.5%，家庭主要收入来源途径就减少3.8%，将使贷款需求显著增加，这就要求小额林权抵押贷款业务的发放对象定位在较为年轻的、家庭主要收入来源较为单一的群体。从理论上，这与小额抵押贷款的对象相一致。同样，5.9%的林农受教育程度提高，90.3%的贷款林农参保森林保险，配合金融机构提高3.2%的贷款额度，在很大程度上推动了小额林权抵押贷款需求。

4.6　本章小结

本章对农户小额林权抵押贷款的影响因素进行了回归分析。第一，回顾了近两年我国关于农户林权抵押贷款需求及其影响因素的研究成果，研究整理了与小额林权抵押贷款相关的融资理论、制度变迁理论、外部性理论、农户行为理论、现代产权理论和交易费用理论，并以此作为研究农户小额林权抵押贷款的理论支持。第二，以北京林业大学项目组对陕西富县和西乡县、浙江临安、福建清流县和尤溪县调研获取的农户数据为基础，通过指标选取和相关性分析，最终确立了年龄、受教育程度、家庭主要收入来源、贷款期限、贷款额度、贷款用途、是否参加森林保险、是否参加资产评估 8 个指标，并将其分为林农个人基本情况、信贷服务情况、森林保险和资产评估情况 3 类。第三，通过描述性统计分析，发现受调研林农的受教育程度普遍不高，家庭主要收入来源为林业和农业收入，且生产活动是以小规模经营为主；多数林农存在小额短期贷款需求，且愿意参加森林保险和森林资产评估。第四，通过建立多元线性回归模型对农户小额林权抵押贷款需求的影响因素进行分析，结果表明：林农的年龄、受教育程度和家庭主要收入来源对林农小额林权抵押贷款需求有显著性影响，林农年龄越大、受教育程度越高、家庭主要收入来源越多，对小额林权抵押贷款的需求程度越低；林农贷款额度对小额林权抵押贷款的需求有正向作用，但贷款期限和贷款用途对贷款需求没有显著影响；林农是否参加森林保险对小额林权抵押贷款需求有正向作用，而林农是否参加资产评估对贷款需求没有显著影响。

第5章
政策影响的林农小额林权抵押贷款成本与收益分析

本部分以福建省尤溪县林农小额林权抵押贷款为例，该类贷款涉及政策性贴息、担保抵押、森林保险业务，此类贷款业务全面，具有典型性。通过此类贷款项目具体的成本收益分析，考虑项目可行性分析，其中，贷款成本按照是否与小额林权抵押贷款程序直接相关，分为直接贷款成本和间接贷款成本，抵押物的评估费用、贷款利息、担保费用和森林保险费用属于贷款直接成本，而时间成本和机会成本则为间接贷款成本。由于当地林农小额林权抵押贷款用于毛竹的生产经营，毛竹产生的收益将用于偿还贷款。由此，毛竹产生的收益作为贷款收益计算。进而运用净现值模型和投资回收期法，计算贷款项目的净现值与投资回收期，分析林农以小额贴息林权抵押贷款的融资方式，进行林业生产经营是否具有可行性？以及根据林业生产经营周期较长的特点，分析其贷款回收期的问题。

5.1 成本收益的相关理论

成本收益分析，是一种经济决策方法，它是通过比较各种备选项目的全部预期收益和全部预期成本的现值来评价项目，利用成本与收益之间的相互约束关系来直接评价项目的经济效益，作为决策参考或依据的一种方法。成本收益分析的基本原理是对项目或方案所需要的成本（直接和间接成本）与可取得的收益（直接和间接收益）尽可能用统一的计量单位货币分别进行计量，以便从量上进行分析对比，权衡得失。项目评价的主要指标有净收益。净收益即收益和成本相减的结果进行比较，当净收益为零时，是产品、项目或方案可行的经济临界线；如果达到相当或期望的净收益，即为可行方案，否则，为不可行方案。

1. 生产理论

生产理论主要从实物形态的角度，研究了生产要素的投入与产出之间函数关系，以及生产者均衡问题。在市场经济条件下，农户追求的经营目标是利润最大化。因为利润等于总收入减去总成本，所以有必要进一步研究生产成本问题,通过对短期、长期成本函数及变化规律的分析,揭示成本与收益的经济关系,提出生产者实现利润最大化的均衡原则。

2. 成本理论

在西方经济学中,成本是指以货币支出衡量从事某项经济活动所必须支付的代价。成本又称为对象化的生产费用。实际上就是购买各种生产要素(劳动、资本、自然资源、企业家才能)所支出的一切费用的总和,即工资、利息、地租和正常利润。

直接计入成本与间接计入成本是生产费用按计入产品成本方式所进行的一种分类,直接生产成本与间接生产成本,是成本按其与生产工艺的关系的一种分类。直接生产成本是与产品生产工艺直接有关的成本,如原料、主要材料、外购半成品、生产工人工资、机器设备折旧等。间接生产成本是与产品生产工艺没有直接关系的成本,如机物料消耗、辅助工人和车间管理人员工资、车间房屋折旧等。在农户贷款中,直接成本主要为各种评估费用与贷款利息等,间接费用则为各种额外损失与支出。

3. 利润最大化原则

利润最大化的财务目标是西方微观经济学的理论基础,西方经济学家以边际收入等于边际成本来确定企业的产销量,使企业利润达到最大化,并以利润最大化来分析和评价企业的业绩,该原则同样适用于林农贷款。利润最大化的财务目标的优点是:它强调了资本的有效利用,可以用这个指标来衡量利润是如何理性增长的。利润最大化原则的应用,对农户贷款的选择产生了重要影响。

经济学之父亚当·斯密提出的"经济人"假设认为,人在本质上是"经济人",利己主义是"经济人"的本性,因而是每个人从事经济活动的动机。从农民角度的成本收益分析,即作为市场交易的主体,农民也是有限"经济人",当农民只有在申请贷款进行林业投资获取的收益大于未申请贷款所获取的收益时,农民才会选择申请贷款。

5.2 相关的成本与收益分析

5.2.1 直接成本与间接成本

通过对福建省尤溪县的实地调研和与农户的访谈，按照与贷款程序是否直接相关，将政策性小额林权抵押贷款用于造林抚育的成本支出分为直接成本和间接成本（表5-1）。直接成本主要为贷款成本，包括贷款利息支出、森林资产的评估费、担保费、森林保险费，其中利息成本应扣除中央贴息收入；间接成本主要是为获取小额林权抵押贷款的时间成本和机会成本，以及办理该业务所发生的路途支出等。

直接成本与间接成本分析表　　　　表5-1

	成本类型	解释
直接成本	评估费用	申请林权抵押贷款时，需要专业评估机构或林业部门对抵押的林木资产价值进行评估
	担保费用	申请林权担保抵押贷款向担保机构支付的费用
	贷款利息成本	因申请获取抵押贷款而负担的利息费用
	森林保险费	为担保抵押物（林木资产）购买森林保险
间接成本	时间成本	由于手续复杂、贷款不能及时获取的损失
	机会成本	投资该方案所丧失的潜在收益

1. 直接成本

根据调研获取的有关数据和资料，林农小额林权抵押贷款的直接成本包括利息成本、贷款抵押物的评估费用、担保费用，以及森林保险费用，现分述如下：

（1）评估费用与担保费

在林农申请贷款时，担保机构需要根据林木资产价值及申请贷款额度收取一定评估费用和担保费，同时要求农户为林木林地资产购买森林保险，这部分支出应计入贷款成本。

小额林权抵押担保贷款通过成立专业担保机构，由担保公司以林木资产（林权）抵押为反担保，在抵押担保程序结束后，农民向金融银行等机构申请林业相应贷款，再由金融机构发放有担保公司担保的林农贷款。在近几年福建省的实践中，一般按商业原则组建担保公司，为林权证反担保的方式提供担保的，担保公司按一定比例收取成本费用，主要有评估费和担保费，福建省尤溪县是其中代表性试点。

2003年，尤溪县政府制定了《尤溪县林木林地抵押管理办法》，该办法依照《担保法》规定，制定了林木、林地抵押的具体管理办法，林业生产经营加工者可通过对森林资源资产评估，林木林地抵押登记等程序，以现有林木资产作为抵押物向金融部门申请贷款。依照该办法，中国人民银行尤溪县支行协助当地林业部门制定了《尤溪县森信林业担保有限公司章程》和《尤溪县森信林业担保有限公司担保管理办法》，2003年11月成立了尤溪县森信林业担保有限公司，公司主要以林木资产林权抵押为反担保，专门为林农和林业企业提供贷款担保。担保公司受理企业担保申请后，在对其进行资信评估或确认基础上，对担保项目的情况进行核实和审查，对提供反担保的林木资产进行直接评估或由申请人委托有资质的评估机构进行评估，从而产生评估费用。按照公司政策规定，尤溪县森信林业担保有限公司按现行市场利率和公司运行成本按微利原则，确定合理的收费标准，并随国家政策和市场利率进行调整。贷款人用林木资产抵押并委托公司评估时，评估费按以下标准收取：评估值10万元以下的收取6‰，评估值10万~50万元的收取5‰，评估值50万~100万元的收取4‰，评估值100万元以上的收取3‰，实行差额定率累进方法计算。但在实地调查过程中，目前尤溪县林业局为节约农户申请林权抵押贷款的成本费用，成立专门的林业资产评估部门，免费为农户提供评估服务，因此下文分析农户贷款成本时评估费用不计入其中。

担保公司为林农提供担保需要承担一定风险，且担保服务过程中需要耗费一定人力和物力资源，所以除了收取评估费用外，担保机构还会向申请林权担保抵押贷款的林农或企业收取适当的担保费。根据《尤溪县森信林业担保有限公司担保管理办法》规定，申请担保贷款的被担保人应向担保公司交纳担保费，担保费按担保贷款初始金额每月收取1.5‰，一年期以内贷款在担保公司与被担保人签订担保合同时一次性收取，超过一年期的每年收取一次。

（2）利息成本

林农申请小额林权抵押贷款的主要成本是利息收入，根据有关政策规定和2015年3月尤溪县农村信用合作联社公布的林农小额信用贷款的基准年利率为5.35%，上浮比例为77.5%，则年息利率为9.49%。而林业小额贴息贷款享有中央发放的贴息补助，贴息率为3%，由此，利息费用应该抵减其贴息率，抵减后利率为6.49%，以贷款额度为5万元计算，则每年的利息支出为3245元。

（3）森林保险费

为转移和降低担保风险和贷款风险，在农户申请林权抵押贷款时，往往担保机构或信用公司要求借款人为作为抵押物的林木资产和即将投产的林木资产购买森林保险，这样既能有效化解农民的经营风险，降低农民因受灾而造成的损失，同时又能降低担保公司因抵押物林木资产受灾减值产生的损失。根据尤溪县林业部门、财政部门及中国人民财产保险股份有限公司的调研，森林综合保险方案实施，该项保险方案保险标的为各类商品林、生态公益林及未成林造林地上的林木，在保险期间，被保林木发生火灾、病虫害、暴风雨等各类灾害，保险公司将按照一定标准给予赔偿。该险种的保险金额为每亩500元，保险费率为2.5‰，即每亩林木的保费为1.25元。自愿购买森林综合保险的农户，政府给予一定比例的财政补贴，按照规定对于投保面积在10000亩以下（含10000亩）的商品林，中央财政补贴30%，省级财政补贴30%，县级财政补贴15%，林权所有者仅承担25%；对于投保面积在10000亩以上的，中央财政补贴30%，省级财政补贴30%，林权所有者承担40%。

2. 间接成本

申请小额林权抵押贷款进行毛竹种植经营，除了产生上述各项直接成本，同时由于外部环境或一些非人为的不可控因素产生部分间接成本，包括时间成本、机会成本和一些其他费用。目前小额林权抵押贷款发展还不够成熟，在贷款的申请、受理、放款等业务环节的手续还较为繁杂，农户从申请贷款到最终获得相应的款项和补助都需要消耗一定的时间，造成贷款不能及时获取，从而形成了时间成本。农民申请林权抵押贷款的流程包括贷款申请、受理与调查、风险评估、贷款审批、合同签订、贷款发放支付等多项环节，同时涉及林业管理部门、信用社金融机构、担保公司、保险公司等多个机构，农民在办理该项业务的时候不得不在多个部门间来回办理相应的登记和手续，除了形成时间成本，还产生了一定的路途费用。农民进行毛竹种植经营需要投入大量的人力物力财力，相同的生产要素投入，除了进行毛竹种植也可以投入到其他投资项目中获取收益，即投资生产毛竹就意味着放弃了投资其他方案所带来的潜在收益，从而形成了农民投资于毛竹种植经营的机会成本。

5.2.2 农户小额林权抵押贷款相关的收益分析

小额林权抵押贷款所获得的收益，是农户通过将贷款筹资投入林业生产经营所获得的净收益。尤溪县曾被列为福建省第一个毛竹丰产林培育技术标准化示范县，全县有毛竹种植面积45.7万亩，其中，亩立竹量140株以上的毛竹林达37万亩。每年生产商品毛竹200万根以上，开发毛竹系列产品达11个品种，销往全国各地。截至2014年底，尤溪县竹林面积发展到了70万亩，全年实现竹业总产值19.11亿元，同比增长11.7%，创下历年最好水平。由此，尤溪县林农获取的林权抵押贷款资金主要用于毛竹生产与经营。同时，根据项目组在福建省尤溪县进行的实地调研，申报的林业小额贷款资金主要投向工业原料林、竹林、经济林种植等。因此，本案例贷款用途主要选择毛竹的生产经营，则贷款收益主要体现为毛竹生产经营收益，即对农户申请小额林权抵押贷款用于毛竹种植经营产生的收入减去其成本。

1. 毛竹的生长特征及竹材经营模式分析

毛竹林是典型的异龄林，有着生长快、成材早、产量高、用途广等优点。毛竹林可以通过人工种植或自然扩鞭繁育成林,毛竹竹龄以度为准,1度竹1~2年,2度竹3年,3度竹4年,依此类推。分段毛竹的种植一般划分为三个时期:造林期、成林前抚育期和成林后稳定期。(1)造林期。造林期一般为一个度,即1~2年。这个时期的主要工作是采购苗木、整地、挖穴、栽植小苗、下基肥等。整地工作应在造林前的秋、冬季进行,包括清理林地、开垦和挖掘栽植穴等三个工序,即将造林地内的杂草、灌木全部砍除、清理后,全面深翻25~30厘米,将表土翻入底层,且除去土中的大石块和粗树兜、树根等,再定点挖栽植穴,通过整地可以创造适合毛竹成活和新竹成长的环境条件。(2)成林前抚育期。新植毛竹林抚育管理工作包括除草松土、灌溉、施肥、间伐抚育、保护竹苗及幼竹等环节。(3)成林后稳定期。毛竹林一般在人工种植后经过10年左右的抚育管理,可以形成稳定的林分结构达到成林,并在相当长的经营周期内实现持续的经营与利用。一株毛竹从出笋到成竹只需两个月左右的时间,当年即可砍作造纸原料。若作竹材原料,也只需3~6年的加固生长就可砍伐利用。经营好的竹林,除竹笋等竹副产品外,每亩可年产竹材1500~2000公斤。

毛竹生产的规模化、集约化和现代化是其经营模式的发展方向,随着对毛竹种植技术的研究和发展,通过培育丰产高效竹林,可以提高竹资源产值,增加农民收入。基于农户层面,依据毛竹经营最终获取的目标产品产值在总产值中的比重,毛竹林的经营模式可以划分为三类:笋用林、材用林和笋材两用林的经营模式。三种经营模式的不同主要体现在目标产品、立地条件的选择、经营管理措施与资本和劳动力投入等四个方面。有学者研究发现,不同经营模式的经营措施和成本收益有较大的差异:笋用林需要更多的覆盖、除草和施肥;材用林需要更多的劈山。笋用林的资本和劳动力投入大,单位面积净产值高;材用林经营模式投入小,单位面积净产值小;笋材两用林的投入和产值介于两者之间[90]。从投入成本结构来看,用工成本是竹林经营中最为主要的成本支出,其次为土地成本与肥料投入成本,不同的经营取向竹林成本结构存在较大的差异;从产出结构来看,竹材产出是竹林经营中最为主要的产出,不同经营取向的竹林,竹材产出占总产出的比例有较为明显差异[91]。

为了对农户申请小额林权抵押贷款进行毛竹种植和经营过程中的成本

收益分析比较,根据调研获取的数据和资料,本研究以毛竹材用林为例,后续成本收益分析的相关数据均以材用林为准。

2. 毛竹生产经营成本与其收益分析

(1)毛竹生产经营成本分析

根据农户访谈,毛竹的种植经营涉及多个环节,包括造林期进行林地清理、挖穴整地、回穴土、施基肥、栽植竹苗等营造林工序,造林完成后还需要每年定期进行除草、防虫害、施肥等林木抚育工作,在竹林收获时节需要进行竹笋、竹材的采伐和运输等,这些都需要消耗大量的人力成本和材料成本如表 5-2、表 5-3 所示:

毛竹经营成本分析　　　　　表 5-2

	成本类型	解释
毛竹生产经营成本	苗木成本	林木种植初期起始投入苗木采购
	整地、挖穴、下基肥、栽植成本	在造林期清理林地、开垦和挖掘栽植穴等成本
	人工成本	林木种植抚育、竹材竹笋采伐所耗费的人力成本
	林木抚育成本	日常管理抚育林木发生的各项费用
	化肥采购成本	林木培养期间施肥所需要的费用

1)人工成本

毛竹下苗种植对挖穴规格的要求一般要达到 100 厘米 ×70 厘米 ×50 厘米,挖穴价格平均约 10 元/个,下基肥价格 5 元/个,栽植费 10 元/株,均属于最低价格,其他运费、装卸费另计。抚育每年施肥块铲,每年每亩 200 元,抚育三年每亩 600 元,其余每年劈草每亩 100 元。按照每亩 40 株计算,抚育 6 年,前三年块铲施肥,后三年劈草,每亩林地从造林到抚育期共计造林成本 2700 元左右。毛竹砍伐包装车每吨 130~150 元,运费根据山场情况、距离和山路难走程度另算。每个工人每天挖春笋 150~200 元,每人大约挖 400~500 斤竹笋。

2)材料成本

材料成本主要是营造工程所需的苗木、肥料等材料费。目前,竹苗要求眉径 5 厘米以上,价格在每株 20 元左右。毛竹一般在每亩 20～40 株,一般 20 株是最低水平。农户如若没有自有林地,则需要购买或是租用林地,则产生土地成本,购买竹山约每亩 1000～1500 元,租竹山租金不超过每年每亩 60 元(表 5-3)。

毛竹经营成本表　　表 5-3

项目	单位	造林期	成林前抚育期	成林后稳定期
苗木株数	株	40	/	/
苗木单价	元/株	20	/	/
苗木成本	元	800	/	/
挖穴	元/个	10	/	/
下基肥	元/个	5	/	/
整地栽植	元/株	10	/	/
施肥块铲	元/亩·年	/	200	200
劈草	元/亩·年	/	100	100
竹笋采伐	元/工	/	150	150
竹材采伐	元/吨	/	/	130

(2)毛竹生产经营收益分析

农户申请小额林权抵押贷款的主要用途是用于造林抚育、林木的培育与种植以及经济林产品的种植与采集,所以农户的直接收益几乎全部来自于采伐的销售收益,即林木成长至可采伐时期采伐销售所获取的收益,或是经济林产品采集销售的收益。

毛竹作为一种重要的经济作物,除了竹材销售收入,笋类收入也是毛竹经营的一项重要收入。毛竹在成林前,可以收获春笋、冬笋、鞭笋等竹副产品;在成林后,每年可采伐一定比例的竹材获取收益。由于不同的经营模式下,投入的生产资料存在差异,经营抚育管理方法不尽相同,导致了产出中竹笋和竹材的产量比重差异,即使销售价格相同,也会导致销售收益的差异。根据实地调研,毛竹材用林仅产春笋,苗木种植后的第四年即可开始挖竹笋,每亩可挖 100 公斤左右,按市场平均价格每斤 10 元,计算得出每亩毛竹可获取 2000 元竹笋收入。在毛竹的种植抚育过程中,当立竹度达到每亩 150～180 株左右时,则可以进行竹材采伐,采伐强度一般控制在 20% 以内,这样采伐不影响毛竹来年的生长。一般毛竹种植 8～10 年左右,可以达到每亩 150 株左右的立竹度,第 10 年后毛竹达到成林稳定期,每年每亩竹林可采伐毛竹 1 吨左右,按市场平均价格每吨 700 元左右,计算得到每亩毛竹可获取 700 元竹材收入。由此,毛竹种植经营所获取的收益情况如表 5-4 所示。

毛竹收益情况　　　　　　　　　　表 5-4

项目	单位	造林期	成林前抚育期	成林后稳定期
竹笋产量	公斤/亩	/	100	100
竹笋收入	元	/	2000	2000
竹材产量	公斤/亩	/	/	1000
竹材收入	元	/	/	700
收入合计	元/亩	/	2000	2700

5.3 模型的建立、计算与分析

5.3.1 模型的建立

1. 净现值模型

净现值法,是评价一项投资项目是否存在投资价值的基本方法。净现值是评价项目是否可行的重要指标,它是净现金流量的折现价值,即:特定项目未来现金流入的现值与未来现金流出的现值之间的差额。净现值模型如公式(5-1)所示:

$$NPV = \frac{NCF_1}{(1+K)^1} + \frac{NCF_2}{(1+K)^2} + \cdots \frac{NCF_t}{(1+K)^t} - C \quad (5\text{-}1)$$

式中,NPV —— 投资项目的净现值;

t —— 投资项目的年限;

NCF_t —— 第 t 年的净现金流量;

K —— 投资项目的资本成本率,即折现率。

净现值的计算步骤为 4 步：第一步，计算投资项目引起的未来每年的现金流入和流出，并计算其差额；第二步，计算项目的资本成本率，即项目所需筹集资金的综合资本成本率；第三步：计算投资项目的折现价值，即将未来每年项目引起的净现金流，以资本成本率，进行复利折现加和，折算为投资项目的现值；第四步，投资项目决策。净现值计算的结果为正且金额越大，通过项目投资，为农户家庭创造的价值越大。如果净现值为正数，表明投资报酬率大于资本成本，该项目可以增加农户家庭财富，应予采纳；如果净现值为零，表明投资报酬率等于资本成本，不改变农户家庭财富，没有必要采纳；如果净现值为负数，表明投资报酬率小于资本成本，该项目将减损农户家庭财富，应予放弃。

2. 投资回收期模型

投资回收期是项目收回投资所需要的年限，指投资引起的现金流入累积到与投资额相等所需要的时间。一般来说，投资回收年限越短的项目，风险越低，时间越长投资项目收益越难以预计，相应的风险越大。投资回收期分为动态投资回收期和静态投资回收期，动态投资回收期是在考虑资金时间价值的情况下，把投资项目各年的净现金流量按基准收益率折成现值之后，抵偿全部投资所需要的时间。而静态投资回收期，是不考虑货币的时间价值的条件下，将投资项目未来现金净流量抵偿初始投资的时间。因此，是否考虑项目的货币时间价值，是计算动态与静态投资回收期的根本区别。本书应用动态投资回收期模型，计算项目的投资回收期，具体计算公式为：

$$\frac{NCF_1}{(1+K)^1}+\frac{NCF_2}{(1+K)^2}+\cdots\frac{NCF_t}{(1+K)^t}-C=0 \qquad (5\text{-}2)$$

式中，NPV——投资项目的净现值；

t——投资项目的年限；

NCF_t——第 t 年的净现金流量；

K——投资项目的资本成本率，即折现率。

公式（5-2）中，左右两边相等时，求 t 值，t 为投资回收期。投资回收期越短，说明投资额回收的速度越快，项目实现收益的速度越快。

或者，按照公式（5-3）计算。

$$P'_t = \begin{pmatrix} \text{累计净现金流量现值} \\ \text{出现正值的年数} -1 \end{pmatrix} + \frac{\text{上一年累计净现金流量现值的绝对值}}{\text{出现正值年份净现金流量的现值}} \quad (5\text{-}3)$$

其中，当 $P'_t \leq P_c$（基准投资回收期）时，说明投资项目能在要求的时间内收回投资，是可行的；当 $P'_t > P_c$ 时，则投资项目不可行，应予拒绝。

5.3.2 基本假设与模型应用

1. 基本假设

除受立地条件影响以外，毛竹林经营成本收益状况是决定毛竹林经营项目取向选择的关键。本部分基于尤溪县农户地块水平的实地调研，计算该经营项目的净现值，并在毛竹林的不同经营周期下，其成本收益状况进行比较分析。考虑到制度的要求、时效性、可比性和现实局限性，本研究的假定为4点：

（1）毛竹林经营周期为60年。根据毛竹的生长特征，毛竹从第四年开始有竹笋收益，第九年开始有竹材收益，一般60年开花，开花后竹子的生命结束。因此，假设8年为一个短周期，计算竹笋的收益贡献；60年为毛竹的长经营周期，分析整个项目投资期毛竹生产经营的投资回报情况。

（2）所有投入成本与产出收益，均为期初投入期末产出。以每亩林地种植40株毛竹为标准，贷款资金5万元，其中4.5万元用于期初一次性购苗和基础投入，其余用于后期抚育营林等，共造林25亩。人力、材料价格及产出收入价格标准均按照2012年价格计算，并在整个经营周期内保持不变。

（3）农户申请小额林权抵押贷款的额度为5万元，贷款期限2年，贷款利率，按2015年3月尤溪县农村信用合作联社公布的官方文件计算，农户小额信用贷款的基准年利率为5.35%,上浮比例为77.5%,年息利率为9.49%,拟用贷款利率9.49%作为贴现率(资本成本率)。

(4)成本支出限定为直接成本,由于间接成本的数据、计量存在现实困难,所以,成本支出主要包括林业生产经营成本和贷款利息成本。

2. 模型的应用

(1)净现值模型的应用与结果分析

根据基本假设与前文计算汇总的成本收益数据,运用净现值模型(5-1)对农户小额林权抵押贷款的净现值进行计算并分析结果。具体计算见表5-5。

小额林权抵押贷款投资于毛竹项目的净现值分析　　表5-5

年度	0	1	2	3	4	…	9	…	60
①项目经营收益:	0	0	0	0	50000		67500		67500
其中:竹笋收益	0	0	0	0	50000		50000		50000
竹材收益	0	0	0	0	0		17500		17500
②项目成本:	45000	10745	60745	7500	9000		12250		12250
其中:毛竹经营成本	45000	7500	7500	7500	9000		12250		12250
利息成本:	0	3245	3245						
贷款利息	0	4745	4745						
减:财政贴息	0	1500	1500						
③净现金流量	-45000	-10745	-60745	-7500	41000		55250		55250

如表5-5所示,毛竹经营的初始投资额为45000元,主要用于期初一次性购苗和挖穴、下基肥、整地等基础投入,毛竹的投资周期为60年。

第0~2年度为造林期,造林期间,主要为成本支出,造林起初有初始投入45000元,造林期间有毛竹经营成本。此时的毛竹经营成本主要为幼林施肥块铲、劈草等日常的护理费用,平均每年花费7500元;贷款融资成本为前两年每年末分期付息,利息费用(抵减贴息额后)3245元,第2年末贷款到期一次还本50000元。

第3~8年度为成林前的抚育期,抚育期的第4~8年度,林业经营收益为竹笋收益。由于从第4年度开始竹林产出竹笋,每年可收获竹笋

5000 斤，获得竹笋收益 50000 元。抚育期成本由三部分构成。第一部分，是竹林日常施肥劈草的抚育费；第二部分是竹笋采伐成本。由于从第 4 年度竹林开始产出竹笋，采伐竹笋需要雇佣工人，导致人力成本每年增加 1500 元；第一、第二部分合计为毛竹经营成本，每年为 9000 元。第三部分是贷款成本。贷款已于第 2 年度到期还本付息，所以从第 3 年度开始贷款的融资成本为零。

从第 9 年度开始至投资期满 60 年，该时期的林业经营成本包括三部分：竹林日常抚育成本、采伐竹笋人力成本和采伐竹材人力运输成本。从第 9 年开始，毛竹林已基本成林，每亩竹林立竹量已达到可采伐的标准，每年每亩可采伐 1 吨毛竹竹材，总计每年产竹材 25 吨，获得收益 17500 元。采伐竹材需要雇佣工人、包装运输等，导致人力成本每年增加 3250 元，即每年营林成本为 12250 元。

通过净现值模型，对每年产生的净现金流量贴现折算后，以 8 年作为短经营周期，分析竹笋的收益贡献，其净现值为 8770.53 元，说明项目可行；以 60 年作为长经营周期，计算其净现值为 288127.56 元，远远大于零，项目可行，且说明利用小额林权抵押贷款投产毛竹经营，其项目投资报酬率远高于资本成本率。小额林权抵押贷款投资于毛竹生产经营项目，可以给农户带来丰厚的收益，符合贷款的政策性目标，政府部门和金融机构，应该发展小额林权抵押贷款，鼓励农户进行林业融资，发展林业经济。

（2）投资回收期模型的应用与分析

投资者对一个项目进行投资决策时，除了会考虑该项目的投资回报率，还会考虑投资成本收回的时间，即投资回收期。因为投资回收期过长，意味着投资风险可能增加，由于现金流回收较慢，还会影响投资者资金的灵活性，所以在投资项目时应该衡量该项目的投资回收期是否合适，从而更好地进行决策。

在前文的假设条件下，计算农户申请两年期林权抵押贷款进行毛竹的投资经营，每年所产生的净现金流量、累计净现流量如表 5-6 所示。

根据投资回收期模型，从表 5-6 中可以计算，未进行贴现的累计净现金流量在第 7 年达到 40010 元，为正值，说明该投资项目的静态投资回收

贷款期限 2 年的投资回收期分析（单位：元） 表 5-6

年度	0	1	2	……	6	7	8
净现金流量	−45000	−10745	−60745		41000	41000	41000
累计净现金流量	−45000	−55745	−116490		−990	40010	81010
净现金流量折现值	−45000	−9813.68	−50671.3		23797.82	21735.15	19851
累计净现金流量折现值	−45000	−54813.7	−105485	……	−32815.9	−11080.7	8770.5

期在 6～7 年之间。该项目的累计净现金流量折现值，在第 8 年时达到 8770.53 元，为正值，说明该项目的动态投资回收期在 7～8 年之间。应用动态回收期的计算公式（5-2）或公式（5-3），该项目的动态投资回收期为 7.56 年，说明在毛竹抚育成林后，林农即可收回期初的初始投资成本，获得额外的现金流收益。

在本次福建尤溪县对农户的问卷访谈中，农户认为，目前的贷款业务期限仅 1～3 年，贷款期限过短，与林业经营周期不相匹配。农户往往在生产经营中尚未形成收益时，就必须筹集资金归还贷款本息，这给农户经营林业带来了一定的还款压力，也将影响后续林业经营现金流的投入。由于货币具有时间价值，贷款期限的长短，会影响后续投资经营过程中每年产生的现金流量，从而影响投资回收期。本研究试图在其他条件不变的前提下，仅改变贷款年限，计算林业经营的投资回收期，从而分析贷款期限对投资回收期的影响，具体计算如表 5-7 所示。

通过计算，申请 5 年期的贷款，进行融资经营毛竹的投资回收期是 7.4 年，而采用 10 年期的贷款融资，其投资回收期是 6.03 年。相比 2 年期贷

贷款期限 5 年和 10 年的投资回收期分析（单位：元） 表 5-7

	项目	0	1	2	……	6	7	8
5 年期贷款	净现金流量	−45000	−10745	−10745		41000	41000	41000
	净现金流量折现价值	−45000	−9813.68	−8963.08		23797.82	21735.15	19851
	累计净现金流量折现价值	−45000	−54813.7	−63776.8		−29676.1	−7940.92	11910
10 年期贷款	净现金流量	−45000	−10745	−10745		36255	36255	36255
	净现金流量折现价值	−45000	−9813.68	−8963.08		21043.66	19219.71	17554
	累计净现金流量折现价值	−45000	−54813.7	−63776.8	……	−654.347	18565.36	36119

款投资回收期 7.56 年，10 年期的投资回收期明显缩短，这说明延长贷款期限，能够缩短林业经营的投资回收期，且贷款期限越长，相应的投资回收期会越短。这是因为货币具有时间价值，延长贷款本金的还款时间，农户将在毛竹达到中龄林以后，其获得的竹笋竹材收益可以抵减部分贷款的融资成本，从而减轻农户短时间内偿还贷款本金的压力。另外，通过分析贷款期限对林业经营投资回收期的影响，也对信用社等金融机构提出了建议，应针对不同林龄的林木抚育贷款设定不同的贷款期限，从幼苗造林开始的贷款应该设定较长的贷款期限，对于中龄以上或成林稳定期的林木贷款可以设定较短的贷款期限。

5.4 本章小结

本章在成本收益相关理论分析的基础上，针对农户小额林权抵押贷款成本和收益，尤其在直接成本、间接成本分析的基础上，进一步应用成本收益折现模型和投资回收期模型，并进行了贷款期限的敏感性测试，系统地对贷款投资于林业经营项目（毛竹）进行计算和分析，具体归纳总结为三点：

第一，区分和辨析了农户小额林权抵押贷款的成本和收益。

农户小额林权抵押贷款成本包括利息支出、森林资产的评估费、担保费、森林保险费。对农户小额贴息林权抵押贷款主要用于毛竹生产经营，由此农户贷款收益主要是毛竹生产经营收益，等于毛竹生产收入减去成本。毛竹种植经营涉及多项成本，包括幼苗肥料等材料成本、日常抚育管理成本、采伐林产品的人力成本等林业经营成本，同时融资产生的贷款利息费用也是一项重要成本支出。毛竹种植中产出的竹笋和竹材是林农收入的主要构成部分。

第二，农户使用小额林权抵押贷款用于林业经营投资项目（毛竹）可行。

通过净现值模型和投资回收期的计算，发现农户利用小额林权抵押贷款这种融资方式进行林业经营具有一定可行性。林业投资项目能给农户带来正向且可观的收益，但存在投资回收期较长的缺陷。

第三，可以根据林木生长周期设定不同的项目投资期。

根据投资回收期测算，林业经营投资项目（毛竹）投资回收期在7.56年左右，且通过延长贷款还款期限，能够缩短林业投资回收期。建议针对不同林龄的林木抚育经营设计不同的贷款年限。处于不同的生长时期的林木需要的生产资料投入不同，产出的经济作物收益也会有差异。针对处于不同生长时期的林木抚育，应该设计符合其生长特征的贷款期限，对于处于初期造林或幼苗期林木抚育的贷款项目，应该适当延长还款期限，可以将贷款期限限定在10年左右，而对于中龄林或成林以后进入稳定生长的林木贷款项目，可以适当缩短贷款期限，将贷款期限限定在5年或是更短的期限。

第6章

农户小额林权抵押贷款的 SWOT 政策战略与模式构建

6.1 SWOT 分析方法

SWOT 分析法是进行企业外部环境和内部条件分析，从而寻找二者最佳可行战略组合的一种分析工具，最早是由美国哈佛商学院的教授安德鲁斯在 20 世纪 60 年代初提出来的。在 SWOT 分析法中：S 代表企业的长处或优势（Strengths）；W 是企业的弱点或劣势（Weakness）；O 代表外部环境中存在的机会（Opportunities）；T 为外部环境所构成的威胁（Threats）。因此，SWOT 分析，实际上是对组织内部条件与外部环境的各个方面进行综合和概括，进而分析组织的优劣势、面临的机会和威胁，并由此制定组织战略对策的一种方法。通过 SWOT 分析，可以帮助组织把资源和行动聚集在自己的机会和强项之处，使组织战略更加清晰。

SWOT 分析法作为一种战略决策的分析方法，近年来已在很多方面得到了应用，主要包括微观的企业层次、中观的行业产业层次、区域及城市规划层次以及宏观的自然资源及环境保护的政策制定方面等等。

目前的 SWOT 分析以定性地对决策目标分析为主，因此难以避免一些决策带来的主观性。现今常用的一些定量方法（如专家咨询法、层次分析法）与 SWOT 分析的结合，从一定程度上缓解了 SWOT 分析法的非客观性。

6.2 农村小额林权抵押贷款的 SWOT 分析

本部分以浙江省和福建省对 444 户农户调查问卷的基础上，根据指标有用性筛选出 410 份问卷，在此基础上进行小额林权抵押贷款的 SWOT 分析。认为：经济和政策环境总体上为农村小额林权抵押贷款发展提供了有利条件，但也存在如采伐政策、生态补偿政策的限制。虽然农村小额林权抵押贷款存在明显的优势，包括林农融资需求旺盛且林农愿意从正规金融机构获取贷款，小额林权抵押贷款用途主要为林业生产投资，农村信用社的违约风险低。但也存在诸多的劣势，包括农村小额林权抵押贷款执行机构复杂，贷款供给不足，贷款融资方式单一且期限短、利率高，同时抵押物森林保险险种单一、保费过高且索赔困难，以及抵押物处置困难等。

1. 经济和政策环境为农村小额林权抵押贷款提供外部机会（Opportunity）

2014～2018年，我国GDP增长率分别为7.3%、6.9%、6.7%、6.9%和6.6%，复合年增长率为7.0%，虽然增长率放缓但宏观环境总体趋于平稳，2018年国内生产总值首次突破90万亿元大关。目前中国实施积极的财政政策和稳健的货币政策。2013年中央经济工作会议上，强调"要适当扩大社会融资规模，保持贷款的适度增加，切实降低实体经济发展的融资成本"，进一步为贷款融资创造了契机。2015年的中央经济工作会议明确提出"鼓励金融创新，降低融资成本"，进一步丰富融资形式和融资渠道，同年，国务院发布《关于促进融资担保行业加快发展的意见》(国发〔2015〕43号)，要求发挥政府支持作用，提高融资担保机构服务能力，推进再担保体系建设，政银担三方共同参与，构建可持续银担商业合作模式，融资担保是破解小微企业和"三农"融资难融资贵问题的重要手段和关键环节，这都为农村小额林权抵押贷款的发展提供了有利的外部机会。2018年，银保监会发布《关于进一步做好信贷工作，提升服务实体经济质效的通知》(银保监办发〔2018〕76号)，提出着力疏通货币信贷传导机制，提升金融服务实体经济质效，大力发展普惠金融，强化小微企业"三农"、民营企业等领域金融服务。

2008年之后，国家在促进林业产业发展和搭建林业融资平台方面出台了一系列政策，包括林权抵押贷款、林业贴息、森林保险等优惠政策（表2-1）。2010年，中央一号文件《中共中央国务院关于加大统筹城乡发展力度进一步夯实农业农村发展基础的若干意见》明确提出，要"扶持林业产业发展，促进林农增收致富"，这是"扶持林业产业"首次被写进中央一号文件，发展林业产业已成为拉动国内需求的战略举措。这些政策的出台，对农户通过小额林权抵押贷款增加收入，促进林业发展有重大影响。

同时为开展小额林权抵押贷款创造了有利的政策环境。2014年4月央行分别下调县域农村商业银行和农村合作银行存款准备金率2个和0.5个百分点;8月,国务院办公厅表示积极稳妥发展面向小微企业和"三农"特色的中小金融机构,增加金融供给。现已有农行、国开行、农信社等25家金融机构开展林权抵押贷款融资业务,很大程度上解决了林农、企业经营林业的资金不足难题(李国忠,2016)[72]。2015年6月央行发布了《大额存单管理暂行办法》,推出面向个人与非金融企业的一般大额存单,是我国利率市场化进程中的重要一步。同年,国家林业局实施了《森林资源资产评估技术规范》,为森林资源流转、林权抵押贷款、自然灾害森林资源损失的科学确认提供了重要的参考依据。2016年7月国家林业局发布《国家林业局关于规范集体林权流转市场运行的意见》,有助于完善林权流转服务,推进林权流转市场信用体系建设。这些经济和政策环境,都给小额林权抵押贷款的发展提供了有利的条件。2018年1月,中国银监会、国家林业局、国土资源部印发《关于推进林权抵押贷款有关工作的通知》(银监发〔2017〕57号),其中,提出到2020年,在适合开展林权抵押贷款工作的地区,林权抵押贷款业务基本覆盖,金融服务优化,林权融资、评估、流转和收储机制健全,为支持林业发展、解决好"三农"问题、实施乡村振兴战略、决胜全面建成小康社会发挥重要作用,这为林权抵押贷款的开展提供了直接有利的政策支持。

2. 农村小额林权抵押贷款的弱质性和制度限制构成了外部威胁(Treat)

(1)农村小额林权抵押贷款具有自身的弱质性,导致政策实施低效

小额林权抵押贷款自身的弱质性突出地表现在两个方面,一是林业本身的弱质性;二是贷款对象的弱质性。林木生长受空气、水源、风沙等自然因素的制约,使林业投入的风险和收益很难预计。而进一步林业生产的长周期性导致投资回收期长,投资者在短期内难以实现预期收益,同时长周期放大了林业投资风险,从而形成了林业生产的弱质性;国际主流观点认为,小额贷款的对象应该是为大量低收入(包括贫困)人口提供金融服

务，而低收入群体本身属于社会的弱势群体，其资信状况显然处于弱势地位。由于小额林权抵押贷款的弱质性，从根本上形成了林业融资供小于求的局面，虽然制定了大量政策，却存在政策运行低效的问题。

（2）林业行业营林监管制度限制及信息不对称，导致农村小额林权抵押贷款业务发展受限

按照我国现行《森林法》规定，林木采伐实行严格的限额采伐制度，未经林业部门批准，金融、司法部门对抵押物无权进行变卖处置。同时，森林法释义第三十七条规定从林区运出非国家统一调拨的木材，必须有县级以上人民政府林业主管部门合法的木材运输证，这些林业行业监管制度，显然增加了农村小额林权抵押贷款的成本，加剧其还贷风险。虽然林农从生产生活习惯上，愿意从事林业生产，但其收益权得不到落实，将必然削弱林农造林护林的积极性。根据调研，24.77%的林农认为森林采伐政策制约了林木的流转。另外，政府贴息政策和生态效益补偿制度的出台，都是以经济驱动力鼓励造林，发展林业产业，这对农村小额林权贷款的发展有利，但由于信息不对称，很多林农，尤其是贫困农户无法获取相应的信息，从而丧失贷款贴息和生态补偿的机会。政策实施低效导致林农贷款的高成本，也必然限制贷款业务本身的发展。

3. 农村小额林权抵押贷款的内部优势（Strength）

第一，林农融资需求旺盛且愿从正规金融机构获取贷款。在被调查的410户农户中，有97.67%的林农有资金借贷需求。被调查农户的融资渠道主要有三类，即农村信用社、私人高利贷和亲戚朋友。根据调查结果显示：被调查的410户农户中，76.36%的林农选择银行或信用社，选择亲戚朋友、利用私人高利贷借款分别占14.55%和9.09%。林农融资需求旺盛为小额林权抵押贷款的开展提供了有利条件。

第二，小额林权抵押贷款用途主要为林业生产投资。根据政策（云农信联〔2008〕42号）规定,贷款适用于林业生产经营、森林资源培育和开发、林产品加工和农民生产生活资金需求等[7]。林权抵押贷款要重点满足农民等主体的林业生产经营、森林资源培育和开发、林下经济发展、林产品加工

的资金需求，以及借款人其他生产、生活相关的资金需求（银监发〔2013〕32号）。林农以林权抵押的贷款资金，可以用于生产或消费等各种合法领域（陕林改发〔2011〕177号）。根据调查，林农贷款主要用于林业生产、生活和意外支出。在访问的林农中，97.72%的林农愿意进行林业生产性投资。林业生产投资用途主要为扩大经营规模和购买生产资料，占所有用途的89.71%。说明目前我国林农愿意将贷款用于林业生产，这与政策取向一致。

第三，农村信用社的违约风险低。根据调研，在已获取贷款的农户中，97.7%的林农没有拖欠还款。其中，有拖欠贷款的林农多数在一周之内可以还款。由于目前小额林权抵押贷款供给不足，贷款审批严格。所以，总体而言小额林权抵押贷款的还款拖欠率低，银行贷款违约风险较低。

4. 农村小额林权抵押贷款的内部劣势（Weakness）

第一，农村小额林权抵押贷款执行机构复杂，工作效率低。

按照"经济人"假设，每个人都追求自身利益的最大化，政策执行者也不例外。当政策的贯彻执行触动了政策执行者本身的既得利益或是对自身不利时，他们便会想方设法地抵制政策。农村小额林权抵押贷款执行机构涉及人民银行、银监办、农业银行、农村信用社、林业局、脱贫办、保险公司和评估机构，机构复杂本身导致政策执行效率低下。根据调研，农村信用社、林业局或林业工作站、保险公司的工作人员都表示其工作量很大，而收益与风险不对等，因此从主观抵制政策的执行和落实，从而产生客观的排斥效应，造成政策执行低效。

第二，农村小额林权抵押贷款供给不足。

在被调查的410户农户中，83.7%的林农认为现有信贷业务不能满足其需求。由此，林农贷款需求旺盛而供给不足，形成小额林权抵押贷款发展的瓶颈。

第三，农村小额抵押贷款融资方式单一且期限短，利率高。

从融资方式看，《中国农业银行农户小额贷款管理办法》第12条规定，银行业金融机构规定林业贷款期限最长为10年。采用一般贷款方式和自助可循环方式，贷款期限不超过 3 年。但对从事林果业等回收周期较长的生产经营活动，可延至 5 年[11]。根据实地调研，采用林权抵押贷款和小额贴息贷款的比例较高，但林权抵押贷款作为一种新型融资工具，虽然林农融资需求高，但获贷比率低。在调研地，较少比例林农贷款期限在 1 年以内，95.45% 的林农户借款期限为 1～3 年。由此，小额林权抵押贷款融资方式单一，且具有期限短的特征。但林木生长周期长，福建地区的毛竹属于速生林，也需要 3～5 年时间，而杨树 9 年，松树 15 年（北方 30 年）。由此，贷款期限短与林木生长的长周期性不相适应，从而影响政策效果。

对小额信用贷款、农户联保贷款等小额林农贷款业务，借款人实际承担的利率原则上不超过中国人民银行规定的同期限贷款基准利率的 1.3 倍（银发〔2009〕170 号）[12]。根据调研，贷款利率主要集中在 6%～8%，福建清流和浙江临安也有部分业务的贷款利率超过 10%，超过政策所规定的基准利率的 1.3 倍（1.3×6.31%=8.2%），且 20% 的林农要求降低贷款利率。由此，高成本在一定程度上制约了农村小额林权抵押贷款的发展。

第四，抵押物森林保险险种单一保费过高且索赔困难。

《中国农业银行林权抵押贷款管理办法（试行）》第 18 条贷款申请中要求申请人提交林木资源保险单。国家开发银行对已办理森林保险的农户，优先发放抵押贷款（开行发〔2010〕112 号）。由此，森林保险是林权抵押贷款获批的重要因素。根据调查，近 5 年 70% 以上林农的林地因为自然灾害而遭受不同程度的经济损失。因此，林农对森林保险有较高需求。按照政策计算，林农每亩商品林保费为 1.59 元/亩，其中，55% 的保费由财政支付，林农个人承担 0.71 元/亩。经调研，目前在福建省尤溪县保费由财政全额支付。但如果财政不再为林农支付保费，71% 的林农则认为每亩保费在低于 1 元的范围内可以接受。

受访林农的 64% 对森林保险实施状况表示不满意。其原因主要有保费高、赔付率低、索赔困难、保险品种少。其中，30% 的林农因手续麻烦、保障水平低而对森林保险业务不满意；10% 的林农认为森林保险险种单一。除了目前开设的火灾险，林农认为保险机构还应该设置冰雪霜冻险、设置综合险、病虫害险和风灾险。

第五，抵押物处置困难。

根据对农村信用社和担保公司的访谈，得知抵押物处置比较困难。一些地区存在不能到期还款，需要处置抵押物的情况。如福建清流县12.2%的林农不能按期还款，从而要进行抵押物的处置。但由于抵押物的评估需要专业人员参与，而具有评估资质的公司只希望评估大额度的林权抵押贷款业务。此外，森林采伐受限，这些都加大了抵押物处置的困难。

6.3 农村小额林权抵押贷款的政策性战略与模式类型

根据农村小额林权抵押贷款的SWOT分析，可以将其贷款发展战略组合为4种战略及其相应模式（表6-1）。在选择各种贷款模式时，可以结合专家评分法。

应用专家打分法确定各项目分值 Y，其中：

Y_S 为内部优势分值，且 $Y_S=Y_{S_1}+Y_{S_2}+Y_{S_3}+Y_{S_4}$；

Y_W 为内部劣势的分值，且 $Y_W=Y_{W_1}+Y_{W_2}+Y_{W_3}+Y_{W_4}+Y_{W_5}+Y_{W_6}$；

Y_O 为外部机会分值，且 $Y_O=Y_{O_1}+Y_{O_2}+Y_{O_3}$；

Y_T 为外部威胁分值，且 $Y_T=Y_{T_1}+Y_{T_2}+Y_{T_3}+Y_{T_4}$。

1. 扩张型战略模式

当 $Y_S > Y_W$，且 $Y_O > Y_T$ 时，形成扩张型战略模式，属于SO组合，即农村小额林权抵押贷款的外部环境有利且业务发展内部具有优势。处于该战略模式的农村小额林权抵押贷款发展的策略，是在充分利用政策的基础上，增加金融机构贷款供给规模，且增加小额林权抵押贷款种类，并对家庭主要收入来源单一的林农进行重点宣传，促进林农增收。同时，应进一步完善小额林权抵押贷款信用体系。并在金融机构内部设计兼容的业务组织结构，建立合适的信贷管理方法。

小额林权抵押贷款发展战略矩阵表　　　　表 6-1

项目		内部条件	
		优势 S： S_1 融资需求旺盛且愿从正规金融机构贷款； S_2 贷款用途主要投资于林业生产； S_3 林农在农村信用社贷款违约风险低； S_4 小额林权抵押贷款机构信用良好	劣势 W： W_1 贷款涉及机构多、手续复杂； W_2 金融机构贷款供给不足； W_3 贷款融资方式单一且期限短、利率高； W_4 抵押物保险险种单一保费高且索赔困难； W_5 抵押物处置困难； W_6 传统信贷理念认为为林农提供抵押贷款风险大，成本高
外部环境	机会 O： O_1 有利的经济环境； O_2 有利的林业政策体系； O_3 有利的金融市场发展环境	SO 组合方案：扩张型战略 1. 增加金融机构贷款供给规模； 2. 增加小额林权抵押贷款种类； 3. 对家庭主要收入来源单一的林农进行重点宣传； 4. 建立小额林权抵押贷款信用体系； 5. 设计兼容的业务组织结构，建立合适的信贷管理方法	WO 组合方案：稳健增长型战略 1. 充分利用优惠政策，降低贷款成本； 2. 设计符合林业生产周期的贷款产品； 3. 建立客户信用档案，避免逆向选择，增加贷款供给； 4. 设置专门受理机构，简化手续，降低合约成本； 5. 设置激励政策，促进信贷人员对高质量贷款发放； 6. 加强金融机构与林业部门的沟通，帮助了解被担保物信息，确保金融机构的优先清偿权； 7. 增加与当地林业灾害相契合保险种类，开设综合险； 8. 简化保险业务办理手续，降低保费，完善索赔机制； 9. 设立专门机构，低成本跟踪贷款者资金流向，降低道德风险； 10. 建立小额林权抵押贷款风险防范制度
	威胁 T： T_1 林业与贷款对象弱质性； T_2 营林行业监管制度受限； T_3 金融监管机构还不完善； T_4 金融机构人员缺乏林业专业知识	ST 组合方案：有效防御型战略 1. 增加优惠政策供给； 2. 增加公共财政支持； 3. 监管制度适度放宽； 4. 金融机构与金融监管机构建立良好的协调关系； 5. 对金融机构人员进行调整、管理、培训	WT 组合方案：适当收缩型战略 1. 只保留市场占有率高的贷款种类； 2. 收缩贷款规模； 3. 依据信用记录筛选贷款者，根据被抵押林木管护情况，分期放款

2. 有效防御型战略模式

当 $Y_S < Y_W$，且 $Y_O > Y_T$ 时，形成有效防御型战略模式，即外部环境总体处于不利环境，而内部条件优势多于劣势。在该战略模式下，由于林业与贷款对象的弱质性，需要国家增加公共财政供给，给予优惠政策支持，并放宽营林行业监管制度。比如增加贷款贴息和政策性贷款额度，适当放宽小额林权抵押贷款的采伐政策，简化手续，使林农的收益权能真正落实，这样才能进一步保证贷款的偿还，减缓还款风险。从金融机构角度来看，金融机构应该与金融监管机构建立良好的协调关系并对金融机构人员进行调整、管理、培训，使其对林业知识有更好的了解，促进业务的发展。

3. 适当收缩型战略模式

当 $Y_S < Y_W$，且 $Y_O < Y_T$ 时，形成适当收缩型战略模式，即外部环境总体处于不利环境，而内部条件劣势多于优势。在该模式下，需要收缩贷款规模，只保留市场占有率高的贷款种类。还可以根据林木管护情况分期发放贷款，避免因林木在抵押期间的管护问题对金融机构造成的损失。

4. 稳健增长型战略模式

当 $Y_S > Y_W$，且 $Y_O < Y_T$ 时，形成稳健增长型战略模式，即目前外部环境总体处于有利环境，而内部条件劣势多于优势。根据调研，目前农村小额林权抵押贷款的发展主要是处于 WO 组合，即形成稳健增长型战略[14]。虽然外部环境为小额林权抵押贷款业务的开展创造了发展机会，而内部条件却存在着诸多不利。这种组合是不尽理想的组合，处于这种组合，应适于采取先稳定后发展的战略。

应对农村小额林权抵押贷款 WO 战略的措施为：农村小额林权抵押贷款保持和完善现有优惠政策，扩大小额林权抵押贷款融资规模，改良现有产品，以在贷款期限上契合林木生长周期。还要结合林农和放贷机构实际情况建立小额林权抵押贷款风险防范制度。同时，要克服自身发展劣势，比如，设立专门贷款受理部门，简化贷款手续，降低合约成本；设置激励政策，促进信贷人员对高质量贷款发放；加强金融机构与林业部门的沟通，帮助金融机构了解被抵押林木的可采伐时间和数量，确保金融机构的优先清偿权；简化保险业务办理手续，降低保费，完善索赔体制；设立专门机构，低成本跟踪贷款者资金流向，降低林农将贷款用于其他方面的道德风险。

6.4　农户小额林权抵押贷款的政策性战略模式选择

基于农户小额林权抵押贷款的相关战略影响因素,本节将指标分为一级和二级指标进行量化分析。具体见表6-2。

小额林权抵押贷款的 SWOT 分析　　　　表 6-2

一级指标	二级指标	具体数据
外部环境: 1. 机会 (opportunities)	国民经济增长	2014～2018年GDP平均增长率7.0%
	国家政策支持	参见本书第2章表2-1
	林农融资需求	97.67%的林农有融资需求
2. 威胁 (threats)	金融机构贷款供给	76.36%的林农认为信贷业务不能满足需求
	林业产业风险	林业的自然风险高、融资风险高
内部条件: 1. 有利条件 (strengthens)	贷款还款率(高)	94.42%的林农还款率
2. 不利条件 (weakness)	贷款额度(低)	16.06%的林农希望增加贷款额度
	贷款手续(繁琐)	31.10%的林农希望简化手续
	贷款费用(偏高)	15.6%的林农希望降低贷款利率
	贷款期限(短)	13.43的林农希望延长贷款期限
	森林保险费用(高)	71%的林农希望降低保险费用
	资产评估(难)	森林采伐证受限

综合表6-2中数据可知,目前农村小额林权抵押贷款的发展处于图中第二象限,如图6-1所示,即WO组合形成稳健增长型组合战略,外部环境为小额林权抵押贷款业务的开展创造了发展机会,而内部条件却存在着诸多不利。这种组合是不尽理想的组合,处于这种组合,适于采取先稳定后发展的战略。

本文将此战略解释为:保持和完善现有优惠政策,扩大小额林权抵押贷款融资规模,改良现有产品。利用外部机会降低林农融资成本,提高金融部门利润,克服自身发展劣势。

为实施农村小额林权抵押贷款的发展战略,从制度层面,具体提出3点政策性建议:

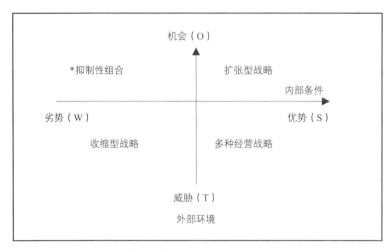

图 6-1 农村小额林权抵押贷款的战略象限图

第一，健全内部监管制度，完善现有小额林权抵押贷款产品。

根据调研，资金供给主体——农村信用社小额林权抵押贷款 1 年期的贷款利率为 8%～10%，高于普通利率 2%～4%，存贷利差为 4.5%～6.5% 之间，由此，该业务比普通贷款业务的利润空间要大。借助外部有利环境，在保证金融部门利润的基础上，适度扩大该业务的贷款规模，总结现有产品类型，设计和改良适宜操作的精品型小额林权抵押贷款产品：首先，要建立和完善林农信用评级制度；其次，建立可循环小额林权抵押贷款，以适应林业生产的长周期性；简化贷款流程和手续；设计科学的贷款指标体系，防范债务风险。再次，根据当地林业树种的特点，适当放宽抵押品的抵押率。在产品运营成熟后，再增加小额林权抵押贷款的种类。

第二，保持和完善现有国家扶持政策，降低林农融资成本。

作为资金的需求主体——林农的融资成本主要表现为三个方面，即来自金融部门的贷款利息和手续费、来自评估机构或担保机构的费用，以及森林保险费用。林农应该积极应用国家政策降低其融资成本。（1）应用国家贴息政策，降低贷款利率。（2）应用国家森林保险政策的中央和地方财政补贴政策，降低投保费用。（3）应用减免森林评估费用的政策降低评估成本。针对林农应该扩大宣传，让林农了解国家政策，进而降低林农小额林权抵押贷款的融资成本，保证林农进行林业生产的积极性，实现林业的可持续性经营，提高林农收入水平。

第三，国家应建立和完善优惠政策和制度，在稳定阶段予以财政支持。

根据调研，国家应该设立和完善与小额林权抵押贷款相关的森林产品设置以及相应的森林保险制度；适度放宽采伐政策，为小额林权抵押贷款提供更有利的外部环境。基于林业经济的外部性理论和生态资源的公共产品理论，在克服林农小额林权抵押贷款的不利内部条件之前，财政应注入资金，在森林保险、林业贴息和生态补偿方面予以支持，从而减少外部威胁因素。

6.5 本章小结

本章在介绍了 SWOT 分析方法的基础上，通过对农村小额林权抵押贷款的 SWOT 分析，总结出以下三点：

第一，确定了农村小额林权抵押贷款的 4 种组合战略及其相应模式。

处于扩张型战略模式时，可充分利用政策增加贷款规模和种类，并完善贷款信用体系和管理方法；处于有效防御型战略模式时，国家应增加财政供给，给予政策支持；处于适当收缩型战略模式，需要收缩贷款规模，防范风险；在稳健增长型战略模式中，适于采取先稳定后发展的战略，建立风险防范制度。

第二，抑制性战略为现有农村小额林权抵押贷款的战略选择。

现有指标显示从宏观和政策环境为农村小额林权抵押贷款提供了有利条件，而贷款本身不利。因此应保持和完善现有优惠政策，扩大小额林权抵押贷款融资规模，改良现有贷款产品。利用外部机会降低林农融资成本，提高金融部门利润，克服自身发展劣势。

第三，实施现有战略提出制度性建议。

为有效实施战略，应该从制度层面，健全内部监管制度，完善现有小额林权抵押贷款产品；保持和完善现有国家扶持政策，降低林农融资成本；国家应建立和完善优惠政策和制度，在稳定阶段予以财政支持。

第7章

结 论

7.1 结论

本书通过对案例省份主要相关利益者进行调研的基础上，分析农村小额林权抵押贷款模式的运作机理，利用 SPSS 统计工具，运用回归分析法，系统地揭示模式的影响因子，并运用成本收益分析法，对资金供需方进行经济可行性分析。在对模式的法律法规以及政策制度进行系统研究的基础上，以 SWOT 分析法，初步构建农村政策性小额林权贷款模式，最终得出以下几点主要结论：

（1）林农贷款需求旺盛且进行林业生产的积极性较高，但贷款手续繁杂、期限结构不合理、利率过高等因素制约了小额林权抵押贷款的发展。

在被调查的样本农户中，大约 90% 的农户有贷款需求，近 70% 申请过借款，且农户愿意进行林业生产和经营。但其融资渠道狭窄，且林权抵押贷款为新型融资工具，普及性不够，限制了林权抵押贷款的需求。且林权抵押贷款办理手续繁杂；贷款期限主要集中在 1～2 年，与林业生产周期不匹配；贷款利率相对较高；贷款用途范围限制较多等原因都限制了林权抵押贷款需求的增长。

（2）小额林权抵押贷款的主要贷款对象定位为家庭收入来源较单一、较年轻且进行了森林保险的林农家庭，这符合政策性贷款的要求。

通过回归分析，结果显示：林农的年龄、受教育程度、家庭主要收入来源、贷款额度、林农是否参加了森林保险等因素对林农小额林权抵押贷款需求有显著性影响，而贷款期限、贷款用途、林农是否参加了资产评估对小额林权抵押贷款需求的影响不显著。

林农年龄越大、受教育程度越高、家庭主要收入来源越多，对小额林权抵押贷款的需求程度越低；贷款额度越大，林农对林权抵押贷款的需求程度越高，且森林保险业务有利于小额林权抵押贷款业务的开展。但是小额林权抵押贷款的期限较短，多为 1 年以下，不能满足林业生产周期长的特点，而政府对于贷款用途的规定也较为严格，对森林资源资产评估更有强制性要求，这些属于刚性规定，贷款期限、贷款用途和林农是否参加了资产评估对贷款需求没有显著影响。同时，林农小额林权抵押贷款需求与是否参加了森林保险的关系最密切，相对来讲，与贷款额度的密切程度最小。

国家对小额林权抵押贷款对象没有明确的规定，但各省在小额林权抵押贷款实施的过程中对贷款对象有所规定。如福建省小额林权抵押贷款的对象为年龄在18周岁（含）以上，且申请借款时年龄与借款期限之和不得超过65周岁（含）的具有稳定的经营收入和按期偿还贷款本息的能力的自然人。相对于老年人来说，年轻人对新事物的接受能力较强，根据这一特点将小额林权抵押贷款业务的主要贷款对象定位于较年轻林农，有利于贷款业务的推广。

中低收入的林农更倾向于办理小额林权抵押贷款，有49%的林农认为现行的贷款额度不能满足林业生产的需要，希望金融机构能够提高贷款额度。同时，较短的贷款期限和较为局限的贷款利用范围也难以满足林农生产和生活的实际需要。据此，金融机构应结合林业生产特点创新金融产品，适当提高小额林权抵押贷款的贷款额度，制定与林业生产周期相适应的贷款期限，合理扩大贷款利用范围，充分发挥小额林权抵押贷款的杠杆作用，加快林业资金的流转，以满足林农生产和生活的实际需要。

森林保险是增强林业风险抵御能力的重要机制。积极开展森林保险业务，不仅有利于促进林业的稳定发展，还可以降低林业变现风险，从而降低小额林权抵押贷款的偿还风险。因此，森林保险相关部门要加大对森林保险业务的宣传，鼓励林农参保，以扩大森林保险的参保范围。但是，森林保险业务的开展仍存在许多问题，如保险险种少、保险费用高、保障水平低、业务办理手续繁杂等，这就要求政府和相关林业部门提出有效的森林保险解决方案，积极推动政策性保险的发展，为小额林权抵押贷款的发展提供有力保证。

在小额林权抵押贷款的实际操作过程中，金融机构应适当提高贷款额度，延长贷款期限，扩大贷款利用范围，以满足林农生产和生活的实际需要，保险公司要增加森林保险险种，降低保险费用，提高保障水平，简化保险业务办理手续，积极推动森林保险业务的发展，同时应重视林区的教育发展，提高林农的科学文化教育水平。

（3）小额贴息林权抵押贷款这种融资方式进行林业经营具有可行性，但应通过延长贷款还款期限以缩短林业投资回收期。

以福建省生产经营毛竹作为案例，分析林农小额贴息林权抵押贷款的经济可行性。贷款成本包括利息支出、森林资产的评估费、担保费、森林保险费。林农贷款收益主要是林业生产经营收益。

林农小额贴息林权抵押贷款主要用于毛竹生产经营，而毛竹种植经营涉及多项成本，包括幼苗肥料等材料成本、日常抚育管理成本、采伐林产品的人力成本等林业经营成本，同时融资产生的贷款利息费用也是一项重要成本支出。毛竹种植中产出的竹笋和竹材是林农收入的主要构成部分。通过净现值模型和投资回收期的计算，发现林农利用小额贴息林权抵押贷款这种融资方式进行林业经营是具有一定可行性的，可以给林农带来一定投资回报，投资回收期在 7.56 年左右，且通过延长贷款还款期限，能够缩短林业投资回收期。

因处于不同的生长时期的林木需要的生产资料投入不同，产出的经济作物收益也会有差异。针对处于不同生长时期的林木抚育，应该设计符合其生长特征的贷款期限，对于处于初期造林或幼苗期林木抚育的贷款项目，应该适当延长还款期限，可以将贷款期限限定在 10 年左右，而对于中龄林或成林以后进入稳定生长的林木贷款项目，可以适当缩短贷款期限，将贷款期限限定在 5 年或是更短的期限。

（4）农村政策性林权证小额贷款主推稳健性战略模式，但不同地区的贷款发展阶段决定采取不同发展模式。

农村政策性林权证小额贷款的战略模式有四种，目前主推稳健性战略模式，即 WO 组合，采取先稳定后发展的战略。为了顺利实施次战略，应注意三点，即健全内部监管制度，完善现有小额林权抵押贷款产品；保持和完善现有国家扶持政策，降低林农融资成本；国家应建立和完善优惠政策和制度，在稳定阶段予以财政支持。当贷款处于 SO 战略时，要在充分利用政策的基础上，增加金融机构贷款供给规模，且增加小额林权抵押贷款种类，并对家庭主要收入来源单一的林农进行重点宣传，促进林农增收。同时，应进一步完善小额林权抵押贷款信用体系。并在金融机构内部设计兼容的业务组织结构，建立合适的信贷管理方法。当贷款处于 ST 战略时，需要国家增加公共财政供给，给予优惠政策支持，并放宽营林行业监管制度。当贷款处于 WT 战略时，需要收缩贷款规模，只保留市场占有率高的贷款种类。

7.2　不足与展望

由于小额林权贷款调研地贷款农户分散，调研耗费时间长，但获取样本数有限。为此，项目组阅读了大量相关资料以及整理了全国各地的相关政策性文件，为项目的顺利开展提供了丰富的资料。而且本项目在三省 5 个典型县调研了相关利益机构以及林农 462 户样本。因此，本书以案例研究为主，得出的结论可能有一定局限。

另外，在集体林权制度改革深入进行的今天，本文采用的 SWOT 分析法自身稍有局限性。SWOT 分析法没有考虑到林业企业和农民改变现状的主动性，林农可以通过寻找新的方式来创造企业所需要的优势，从而达到过去无法达成的战略目标。

目前，农村林权小额贷款的相关政策分析有零星文献，但没有形成系统地分析。本书基于文献分析和实地调研数据，采用多种研究方法和系统分析，形成了小额林权抵押贷款的政策模式设计，为建立农户小额林权抵押贷款的政策模式提供借鉴，同时考虑到林权证贷款供需双方的成本收益分析，拓展基层金融机构获利空间。有助于实现小额林权抵押贷款的持续稳定发展，有利于协助林农增收，发展林业产业。

参考文献

[1] 中国银监会,国家林业局.关于林权抵押贷款的实施意见[Z].银监发〔2013〕32号.2013-07-25.

[2] 财政部.关于做好森林保险试点工作有关事项的通知[Z].财金〔2013〕73号.2013-07-23.

[3] 财政部,国家林业局.林业贷款中央财政贴息资金管理办法[Z].财农〔2009〕291号.2009-12-30.

[4] 蔡斌.我国林权抵押问题研究[D].杭州:浙江农林大学,2010:4.

[5] 徐晨露,王雨林.林权概念研究[J].兰州教育学院学报,2014,30(12):157.

[6] 姚淑娥.林权交易中的法律风险预防[J].林业经济问题,2008,28(1):11-14,64.

[7] 周训芳,谢国保.关于林业法的学科定位[C]//.2004年中国法学会环境资源法学研究会年会论文集,2004:1-5.

[8] 王丹丹.法律视野下的林权概念解析——兼论我国林业物权体系[D].苏州:苏州大学,2012:34-35.

[9] 刘先辉."林权"概念的法学分析[J].国家林业局管理干部学院学报,2015,3:45.

[10] 温世扬."林权"的物权法解读[J].江西社会科学,2008(4):171-176.

[11] 张蕾,周训芳.集体林权制度改革与《物权法》的实施[J].求索,2007(12):5-8.

[12] 周训芳.物权法与森林法知识读本[M].北京:中国林业出版社,2007:23-30.

[13] 李彧挥,朱信凯,周莉,等.集体林权制度配套改革中的林权抵押贷款研究[J].中南林业科技大学学报(社会科学版),2010(5):102-107.

[14] 高萍.小额林权抵押贷款风险研究[D].南京:南京林业大学,2015:35-38.

[15] 中国银监会.关于银行业金融机构大力发展农村小额贷款业务的指导意见[Z],银监发〔2007〕67号.2007-8-6.

[16] 邹海林,常敏.论我国物权法上的担保物权制度[J].清华法学,2007,01(4):42-63.

[17] 汪永红,祝锡萍.刍议森林资源资产抵押贷款的小额贷款[J].绿色财会,2007(11):47-48.

[18] 杨云.林权抵押贷款的几种模式及可持续性问题探讨——福建省案例研究[J].林业经济,2008(2):45-47.

[19] 李树训, 冷罗生. 生态环境损害赔偿制度适用范围：乱象、趋向和导向——以13个省（区、市）改革实施方案为例证[J]. 环境保护, 2019, 47（5）: 31-35.

[20] 赵铁娟. 林权抵押贷款风险防控研究[D]. 武汉：华中科技大学, 2012: 12.

[21] 孔凡斌, 阮华, 廖文梅. 农户参与林权抵押贷款行为分析[J]. 林业经济问题, 2018, 38（6）: 1-7.

[22] 文彩云, 许勤. 落实中央"新政"促进经济增长——小额林权抵押贷款和森林保险政策座谈会综述[J]. 林业经济, 2009（4）: 73-77.

[23] 丁海娟, 刘欣宇. 我国林权抵押贷款的制度困境分析[J]. 世界林业研究, 2012, 25（3）: 79-80.

[24] 程庆荣, 潘光辉. 集体林林权流转的交易制度及资本运作研究综述[J]. 广东林业科技, 2010（1）: 19.

[25] 吴东平, 夏瑞满, 等. 森林资源流转及抵押贷款存在问题与解决措施探讨——以庆元县为例[J]. 林业建设, 2008（4）: 44.

[26] 中国人民银行南平市中心支行课题组. 森林资源资产抵押贷款实证研究[J]. 福建金融, 2006（10）: 15-18.

[27] 福建省林业投融资改革调研组. 福建省森林资源资产抵押贷款情况的调研[J]. 绿色财会, 2007（1）: 37-38.

[28] 刘坤. 我国林权抵押的障碍及其突破研究[D]. 长沙：湖南大学, 2013: 21-28.

[29] 李永坤. 新农村建设中农民创业资本问题的研究——发展林权抵押贷款调研报告[J]. 三明农业科技, 2007（1）: 30-32.

[30] 黄建兴, 毛小荣, 李扬. 浙江省林权抵押贷款案例研究[J]. 林业经济, 2009（4）: 10-14.

[31] 李亚云. 我国小额林权抵押贷款研究[J]. 中国商贸, 2013, 15: 173.

[32] 李国忠. 福建省林权抵押融资现状、问题与建议[J]. 林业勘查设计, 2016, 01: 39-41.

[33] 贺东航, 朱冬亮. 关于当前新集体林权制度改革若干重大问题的探讨[J]. 经济体制比较研究, 2009（2）: 21-28.

[34] 于荣舵. 集体林权制度改革背景下的林权抵押问题研究[D]. 济南：山东大学, 2012: 21-22.

[35] 孙霄翀, 陈学群, 林森, 等. 福建省林权抵押贷款情况研究报告[J]. 林业经济,

2009（4）：5-9.

[36] 李亚云，雷硕．我国小额林权抵押贷款研究[J]．中国商贸，2013（15）：172-173.

[37] 宋逢明，黄建兴，高峰．关于开展小额林权抵押贷款的政策建议[J]．林业经济，2009（4）：3-4.

[38] 国家林业局，中国银监会调研组，张蕾，缪光平．完善林权抵押贷款工作的有关建议——基于云南省的调研[J]．林业经济，2013（1）：54-55.

[39] 张兰花，许接眉．林业收储在林权抵押贷款信用风险控制中作用研究[J]．林业经济问题，2016，36（2）：139-142.

[40] 苏锦霞．福建省农户林权抵押贷款影响因素的实证分析[D]．福州：福建农林大学，2014.

[41] 黄开琼．基于交易费用理论的农户林权抵押贷款模式创新研究——以大姚县为例[D]．昆明：西南林业大学，2013：53.

[42] 吴盛光．林权抵押贷款探索模式综述——兼论林权改革的亮点、难点与基点[J]．农村金融研究，2010（3）：50-53.

[43] 黄艳红，黄金圆．林权抵押贷款开展实践情况调查——以景德镇市浮梁县为例[J]．商场现代化，2010，31：211.

[44] 罗小坤，张媛，张晓萍．林权抵押贷款模式的问题及对策建议[J]．法制与社会，2018（32）：69-70.

[45] 叶朝坤，刘从达．庆元县林权抵押贷款模式创新及推进措施[J]．现代农业科技，2011，5：209.

[46] 杜晓山．中国小额信贷的实践和政策思考[J]．财贸经济，2000（7）：32-37.

[47] Jonathan H. Conning, Pedro Olinto, Alvaro Trigueros. Managing Economic Insecurity in Rural El Salvador: The role of asset ownership and labor market adjustments[C]. Department of Economics Working Papers, 2000.

[48] Jonathan Conning, Jonathan Morduch. Microfinance and Social Investment[J]. Annual Review of Financial Economics, 2011, 3.

[49] 黄景贵．制度竞争力：全球化条件下经济特区发展的道路选择——"2003年中国经济特区论坛"吹风[J]．今日海南，2004：26-27.

[50] 赵景欣．林业供应链金融模式设计及政策影响分析[J]．经贸实践，2018（10）：157.

[51] 章铖红. 林权抵押贷款融资对我国精准扶贫工作的影响研究[J]. 环渤海经济瞭望, 2018（5）: 101.

[52] 韩智. 浅谈公共财政支持在现代林业建设中的地位[J]. 热带林业, 2010, 38（01）: 21-23.

[53] 北京大学光华管理学院集体林权制度改革课题组, 厉以宁, 蔡洪滨. 集体林权制度公共财政问题调研报告[J]. 林业经济, 2009（06）: 3-8.

[54] Edward Freeman. Stakeholder capitalism and the value chain[J]. European Management Journal, 1997, 15（3）.

[55] R. Edward Freeman, Salme Nasi, Grant Savage. Special Issue on Stakeholder Thinking: A Tribute to Juha Nasi[J]. Journal of Business Ethics, 2011, 96（1）.

[56] David Wheeler, Maria Sillanpa¨a¨. Including the stakeholders: The business case[J]. Long Range Planning, 1998, 31（2）.

[57] 廉诗启, 李淑芝, 朱贵. 利用山区森林资源开发林产惠"三农"[J]. 中国果菜, 2013（7）: 51-53.

[58] 陈国庆. 对中小企业融资问题的分析[J]. 经营管理者, 2013（18）: 180.

[59] 康晶, 康晓波. 企业的融资方式选择[J]. 技术经济, 2002（6）: 44-45.

[60] 林毅夫, 孙希芳, 姜烨. 经济发展中的最优金融结构理论初探[J]. 经济研究, 2009（8）: 45-49.

[61] Modigliani F, Miller M H. The Cost of Capital, Corporation Finance, and the Theory of Investment: Reply[J]. American Economic Review, 1959, 49（4）: 655-669.

[62] Rubinstein M E. Corporate Financial Policy in Segmented Securities Markets[J]. The Journal of Financial and Quantitative Analysis, 1973, 8（5）: 749-761.

[63] Miller M H, Modigliani F. Some Estimates of the Cost of Capital to the Electric Utility Industry, 1954-57[J]. American Economic Review, 1966, 57（3）: 333-391.

[64] Myers S. C., Majluf N S. Corporate financing and investment decisions when firms have information that investors do not have[J]. Social Science Electronic Publishing, 2001, 13（2）: 187-221.

[65] Myers S. C., The Capital Structure Puzzle[J]. The Journal of Finance, 1984, 39（3）: 575-592.

[66] Garmaise M J. Informed Investors and the Financing of Entrepreneurial Projects[J]. Ssrn Electronic Journal，1997.

[67] Howorth C A. Small firms' demand for finance[J]. International Small Business Journal，2001.

[68] North D C. Institutions，Institutional Change and Economic Performance：Institutions[M].Institutions，institutional change，and economic performance，1990.

[69] 韦森. 再评诺斯的制度变迁理论[J]. 经济学（季刊），2009，8（02）：743-768.

[70] 张来武. 论创新驱动发展[J]. 中国软科学，2013（01）：1-5.

[71] Marshall A. Principles of economics：an introductory volume[J]. Social Science Electronic Publishing，1920，67（1742）：457.

[72] 李国忠. 福建省林权抵押融资现状、问题和建议[J]. 林业勘察设计，2016（1）：39-41.

[73] 黄丽媛，陈钦，陈仪全. 福建省林权抵押贷款融资研究[J]. 中国农学通报，2009，25（18）：170-173.

[74] 李延喜，陈克兢，刘伶，等. 外部治理环境、行业管制与过度投资[J]. 管理科学，2013，26（01）：14-25.

[75] 张功富. 政府干预、环境污染与企业环保投资——基于重污染行业上市公司的经验证据[J]. 经济与管理研究，2013（09）：38-44.

[76] 王媛，杨广亮. 为经济增长而干预：地方政府的土地出让策略分析[J]. 管理世界，2016（05）：18-31.

[77] Demsetz H. Toward a Theory of Property Rights[J]. American Economic Review，1967，57（2）：347-359.

[78] 马永欢，刘清春. 对我国自然资源产权制度建设的战略思考[J]. 中国科学院院刊，2015，30（4）：503-508.

[79] 张五常. 中国的经济制度[M]. 北京：中信出版社，2009.

[80] 宋洪远. 经济体制与农户行为——一个理论分析框架及其对中国农户问题的应用研究[J]. 经济研究，1994（08）：22-28，35.

[81] 翁贞林. 农户理论与应用研究进展与述评[J]. 农业经济问题，2008（08）：93-100.

[82] Long M G.Why peasant's farmers borrow[J]. American Journal of Agricultural

Economics,1968,50(4):99.

[83] 张杰.农户、国家与中国农户融资行文研究[N].金融研究,2005-02-28.

[84] 韩俊.中国农村金融调查[M].上海:上海远东出版社,2009.

[85] Coase R H. The Nature of the Firm[J]. Economica, 1937, 4(16): 386-405.

[86] Williamson O E. Transaction-Cost Economics: The Governance of Contractual Relations[J]. Journal of Law & Economics, 1979, 22(2): 233-261.

[87] 乔月,郎郑欣,赵静,等.三明市农户林权抵押贷款行为及影响因素分析[J].北京林业大学学报(社会科学版),2013,12(4):42-47.

[88] 石道金,许宇鹏,高鑫.农户林权抵押贷款行为及影响因素分析——来自浙江丽水的样本农户数据[J].林业科学,2011,47(8):159-167.

[89] 王磊,蒲玥成,苏婷,等.农户林权抵押贷款潜在需求及其影响因素研究——基于四川3个试点县的实证分析[J].林业经济问题,2011,31(5):464-467.

[90] 汪淅锋,沈月琴.基于农户的竹林经营模式及成本收益分析——以浙江省为例[J].林业经济问题,2010,30(6):482-485.

[91] 刘强.不同经营取向毛竹林成本收益及其固碳能力研究——基于浙江的实证[D].杭州:浙江农林大学,2013.